依然谨慎的乐观

江 平 著

浙江人民出版社

江平（1930—）

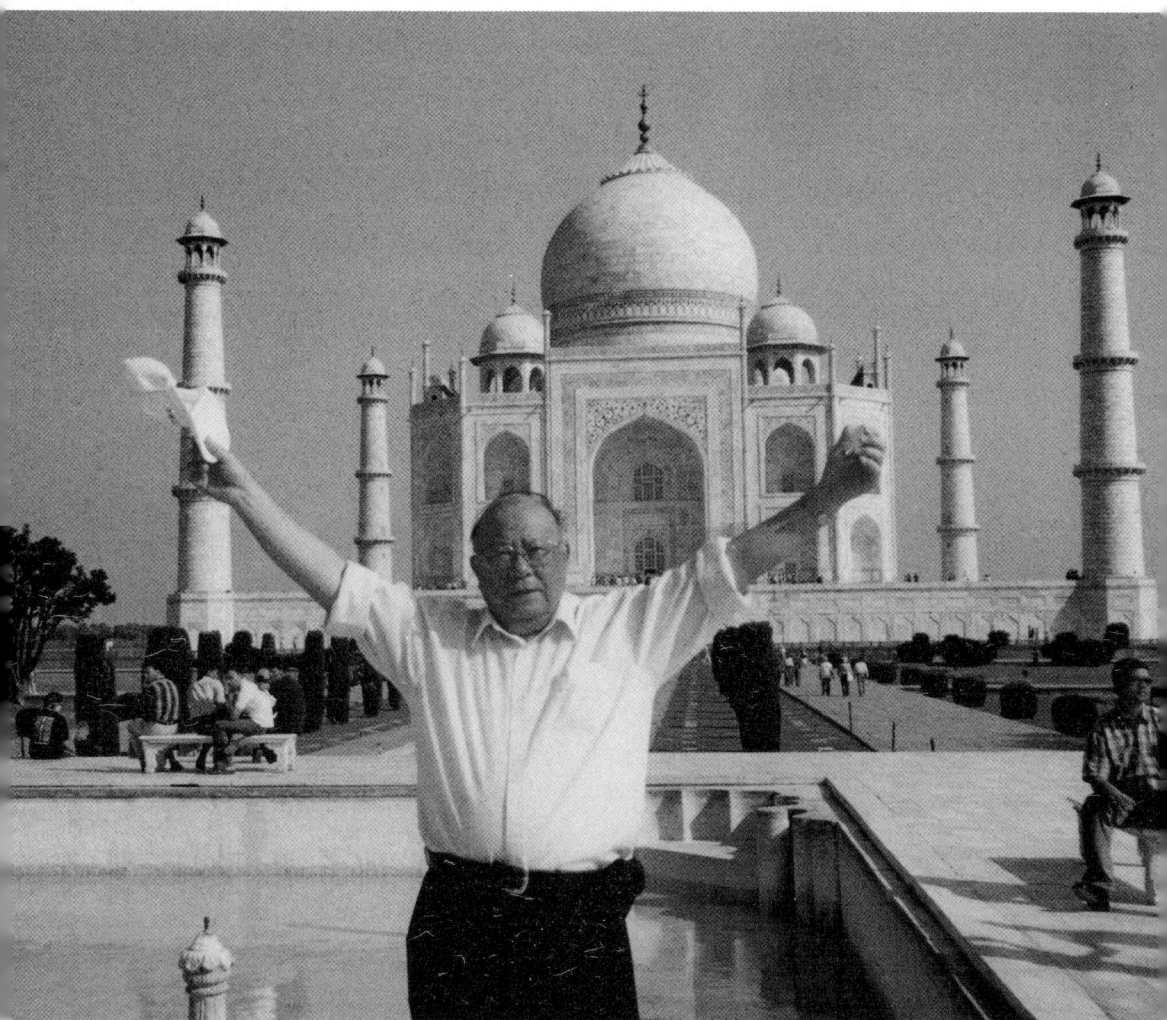

江平先生在印度

目　录

第一辑

改革"深水区"

01　纵论法治中国建设 *

编者按：党的十八大将法治提高到了一个崭新的高度，党的十八届三中全会进一步为法治中国建设破题，社会主义法治建设的思路逐渐清晰。在这一背景下，中国未来法治建设的方向、框架、重点、步骤等都是社会关注的热点问题。在这一关键时刻，有必要倾听法学界前辈的声音。为此，本刊对中国政法大学前校长、终身教授江平先生进行专访。

记者：您是法学界的老前辈，是中国法治建设的推动者、见证者，您认为法治中国建设应当重点关注哪些问题？

江平：党的十八届三中全会提出法治国家、法治政府、法治社会一体建设，这三个概念当然不完全一样。法治社会的一个很重要的核心内容就是如何实现市场管理的法治化。因为我们这个社会很大的一个层面就是市场经济如何法治化。如果讲到法治政府，那当然很明显了，就是讲公权力怎么来实现法治化，政府的权力不能过大。如果涉及法治国家，或者是依法治国的概念，那么我理解这包含立法、司法、

---

* 本文原载《国家行政学院学报》2014年第4期，有删节。

行政在内，这是我们将来一个大的法治国家的概念。这三个层次不太一样。法治实际上就是怎么样来贯彻治理国家的现代化的模式，就是把我们过去的工业现代化、农业现代化、国防现代化等提升到治理国家的现代化。我觉得今后法治中国建设应当偏重在公权力方面，更多还是公权力运作方面如何能够实现现代化。这会涉及一些社会治理的问题，但是好像更多还是偏重在公权力的运作，可能这个是主要的。

记者：您讲法治应当包括立法、行政、司法几个方面。那我们首先谈谈立法方面的问题。虽然说中国特色社会主义法律体系已经形成，法律数量比较多了，但不可否认的是，法律内部矛盾、冲突等不统一现象以及法律操作性不强等立法质量不高的问题还比较普遍。比如说，《土地管理法》规定，收回闲置土地应当由县级政府做决定，然而有关规章又规定土地行政部门也可以做决定。实践中，有些地方是市政府做决定，有的是国土部门做决定。一旦发生纠纷，上级行政部门的行政复议维持地方国土部门的决定，但诉讼到法院，一般认为国土部门无权做此决定。再比如，目前正在推动不动产统一登记立法，《不动产统一登记条例》也即将出台，但这样一部条例的出台会牵涉很多法律法规的修改，相应的立法任务非常繁重。可以说目前的立法体制似乎不能适应法治现代化的基本需求，对此您怎么看待？

江平：这个问题实际上涉及一个很重要的问题，就是从立法阶段来看，我们现在已经进入以修改为主的阶段，所以最近都在关注各个已经通过的法律如何进一步完善。但是在立法完善的过程中，扯皮现象太严重。拿《土地管理法》来说，《物权法》通过以后，《土地管理法》就要修改，现在《物权法》已经通过7年了，但《土地管理法》的修改还是没有动静。刚才讲的不动产登记，《物权法》就明确规定了相应制度，但是到现在还没有实行。我觉得这反映出全国人大权威性不够的问题。立法本来是全国人大的事，修改法律的时候虽然要征求各个部门的意见，部门有不同意见要考虑，但是最后做决定是在全国人大，全国人大如果说该往这个方向修改，那就定了，全国都得服从，不能够再按部门的意志，一个部门一个意见，不同部门之间扯皮。即使扯皮，到最后总得有一个拍板的人。立法必须要有权威性，应该由立法机关做决策。总的来说，立法机关不能处于弱势，没有权威性，总是处于扯皮状态就比较麻烦。第二个原因，我们现在立法缺乏一个总体的思考。比如，拿我们熟悉的民事立法来说，民法典要不要搞？现在到底往下怎么搞？都不知道。听说现在在修改《继承法》，同样存在没人拍板的问题。这完全是人大立法，跟其他部门没有任何关系，顶多由最高法院来配合。可是这个法究竟怎么搞，《人格权法》怎么搞？《民法总则》制定不制定？《民法通则》要不要变成《民法总则》？这些东西都没人管。现在的立法多少有一点"走一步看一步"。另外就是急的法先立，很被动，缺少一个统筹安排，我觉得这是个大事情。这两个问题恐怕是现在立法领域存在的很重要的问题。

记者：我们的立法还存在这样或那样的问题，其中的一个突出表现就是法律往往失之过宽，给了行政法规、规章甚至规范性文件太大的自由空间，而有关的行政法规、规章及规范性文件往往又失之过严，尤其是在针对当事人义务方面，结果导致我们的制度可遵守性、可执行性比较差，严格执行会造成不公，不执行又会伤及法律制度的权威。而一些地方政府往往以"上级政府的规定无法执行"为由不严格执行，这也是目前上面三令五申，下面有时"无动于衷"的一个主要原因。在您看来，这是不是意味着我们的立法体制本身也需要改革、完善？

江平：我们的立法体制总的来说是多元的形式。像《刑法典》《民法》《诉讼法》这些根本法是由全国人大法制工作委员会负责制定的。其他的部门分散，由各部门来立。各专门委员会搞不搞立法是有不同看法的。有的观点认为专门委员会要立法，有的认为专门委员会不要搞立法，只搞执法检查。这样使各专门委员会自己也茫然了。我到底主要搞什么？我是搞立法还是主要搞执法检查？这些问题严格说起来就在于缺乏一个规则。我认为各专门委员会完全可以搞立法。要有一个规则，财经委员会、教科文卫委员会都应有自己的立法权限，也就是说，起码可以提供一个立法的草案版本，可是现在实际上搞得不多。另外，人大的机构改革也是很迫切的。人大必须是议政机构，不能就是听会。现在全世界哪有2800多人的大议会啊？代表的讲话也不公开，这很难说把人大作为一个议事机构。这些与我们所预期的目标还是差得比较远。

记者：在行政方面，法治的重点是什么？

江平：行政方面我觉得就是一句话：把权力关进制度的笼子里，这是最核心的目标。因为现在看起来，公权力还是太大了。公权力侵犯私权利的现象还是相当普遍的。如何把公权力关进制度的笼子里面，这是当前最迫切的问题。而且把权力关进制度的笼子里面，不仅是法治政府的迫切需要，也是廉洁政府的前提。只有把权力关进制度的笼子里面，权力受到制约，才能够解决腐败的问题。腐败的根源就在于权力被滥用了。现在提出来各级政府要制定权力清单，明确你享有哪些权力，就明确了哪些是你不应该享有的。这实际上也就是李克强总理说的：法无禁止即自由，法无授权皆禁止。对于私权利，法律没有禁止的都是自由的；对于公权力来说，法没有授权的都是禁止的。因此政府的权力必须要有授权，有法律授权才能合法，法律没有授权就是违法，就是越权了。但是这个问题落实起来是非常困难的。因为公权力一旦掌握在政府的手中，掌权人都希望权力越大越好，谁希望管得那么严啊，这是人的本能。当初国务院法制办公室领导在做《行政许可法》的报告时说，市场主体自己能解决的尽量自己解决，市场主体不能解决的由社会自治团体去解决，只有市场和社会不能解决的政府才来干预。但是现在看来，政府审批的事项仍然是一大堆，每个部门都希望有权力，都希望盖自己的章才能通过。所以，应该说习惯势力太大，或者说中国几千年来就是这样一个对公权力缺乏约束、限制的社会。现在要限制公权力是非常困难的，而要真正限制、约束公权力，还要从立法来着手。立法是非常重要的，因为除了极个别完全由上级政府授权给下级政府的情况，一般来说是法律授权，只有法律授权政府，政府才有这个权力。如果法律不健全，就谈不上政府权力的合法性。把权力关进制度的笼子里面首先应从立法着手。

记者：由此看来，我们的立法任务还是非常重的，法律从有到好这个过程也是非常艰难的。比如，2004 年国务院发布的《全面推进依法行政实施纲要》，就政府法制工作机构发挥政府法律顾问作用提出了要求。一些地方也陆续建立了政府法律顾问制度。党的十八届三中全会提出"普遍建立法律顾问制度"的要求，山东等地积极响应，出台了地方的具体措施。可以说，建立健全政府法律顾问制度对于保障政府依法决策、依法行政，有效约束规范政府权力意义重大。但是，怎样才能解决政府法律顾问"顾而不问"、能力与需要处理的事项不匹配、待遇低、态度不端正等问题，从而使政府法律顾问真正发挥作用？

江平：我们曾经提出国有企业和国家机关都要设立法律顾问。国有企业规定了首席法律顾问制度，但是现在看起来做得都不太够。比如说国有企业的首席法律顾问，按道理来说，企业对外签订的合同或者一些决策事项都必须有首席法律顾问的签字才可以。但是这一条做得比较少，基本上还是一把手决定。政府的法律顾问也是这样的。我们现在有没有明文规定每个政府机构必须有法律工作人员？有些政府机构有法律工作人员或法律顾问，但存在的问题是凭什么让法律顾问承担那么大的责任。政府该不该给法律顾问一定的级别？如果他的级别很低，实际上他根本参与不了重大决策。但如果把他的级别定得很高，可能部门说，这怎么行啊？一个法律工作者怎么能够有这么高的地位啊？这些问题又涉及体制问题了。此外，这里还涉及一个待遇的问题。比如说让律师担任政府的法律顾问，如果是一个好的律师，他可能就不愿意干。政府的这点工资相对于他的报酬来说太低了，市县法律顾问的待遇多低啊。但是如果找一般的律师，又往往不能胜任工作。政府的法律顾问得真正有权威，在法律方面精通，对政府工作也要精通。所以这些本身都有困难。我观察现在政府方面的法律顾问，从他的能力来看，好像和他应该承担的责任相差比较大，不足以胜任这个工作。

记者：从司法角度来讲，党的十八届三中全会司法改革的力度是比较大的。现在一些地方已经提出了改革方案，您对目前正在进行的司法体制改革有什么评价？

江平：现在的司法体制改革方向是走对了。总的来说，我很拥护现在的司法改革方向。司法改革一个是去地方化，把人权、财权、物权集中到省里面，这点我很赞成。另一个是去行政化，能够审判的人不能够决策，决策的人不审判，以及什么庭长批、院长批这些中间环节逐渐改变了，这个很好。不然的话，审判人员地位始终是比较低的。现在把法院的人员分成审判人员、助理人员、管理人员三类，这是正确的。尤其是这次提出来的法官任命制度，由省一级成立的法官考核委员会对进人严格把关，这是很好的。但是我始终觉得遗憾的就是，我们只把关了法官，没有把关好院长。现在各级法院很多院长是不懂法律的人。据我所知，至少有1/3以上或者更多一点的省级法院院长是从同级的政府部门提拔的，而这种情况在省下面的市县级法院或许就更多了。这是一个很不正常的现象。我们《法官法》明明规定了法官的资格，而非法律出身的院长一进法院就是几级法官。中国这么大的国家，我们有那么多法学院，每年培育出那么多法律人才，难道就没有几个能够胜任相应的院长职务吗？这说不过去。而且让那些没有学过法律的人当院长是可怕的，对法治中国建设严重不利。地方非法律专业人士担任领导职务的问题应当尽快分流解决。如果我们真正把法官当作一种精英人才，司法公正主要取决于这些精英的公正判决。这些人能不能做到公正，首先看他能不能很好地掌握法律知识，只有很好地掌握了法律知识，完全按照法律来办，才可以做到公正。当然他也可能受到其他因素的干扰，但起码他本身的素质使他有可能做到公正司法。

记者： 党的十八大以后，反腐败工作明显提速，而且取得了实实在在的成效，赢得了民心。但是，目前也出现了一种现象，即干部队伍中出现了不同程度的观望、不作为现象。一些官员认为，反腐败会影响经济发展。对此，您是怎么看待的？

江平： 有人说腐败是市场的润滑剂，这种观点我是不认可的。但是实际上往往也有这样的情况，就是越是市场改革的能人，最后被揭露出的腐败现象越多；越是老好人，他倒没什么罪，成绩突出的往往容易被抓起来。怎么能够在反腐败中区分个人责任和领导决策责任，把不同的责任分开？我觉得最重要的仍然是在法制上进一步制定明确的规则。怎么能够追究你的责任呢？证据确凿了，构成犯罪了，取得证据的手段不违法，查处就没有问题了。就怕两种情况，一种是刑讯逼供，这个从重庆"打黑"案看得很清楚，利用刑讯逼供来做反腐的事情不是个例。另一种就是现在经常发生的，当证据不足的时候先把人抓起来。我觉得这个也是很危险的。在证据不足的时候把人抓起来，然后借助他的电脑里面的资料，或者借助其他人的举报，或者用其他的一些东西来定他的罪名，我认为这种情况也是违法的。虽然最后可能查出一些问题，但是当时抓人的时候是缺乏证据的。所以我觉得反腐败必须手段正确。

记者: 目前,军队反腐败成为社会各界关注的热点问题。习近平总书记也曾强调,依法治军、从严治军是强军之基。对这个问题,您是怎么看待的?

江平: 我觉得依法治军、从严治军实际上涉及两个方面,一个是军事指挥系统方面,这个很专业,我不好说;另一方面涉及部队的腐败和廉洁问题,这个我觉得完全可以通过法治途径解决。如果我们从制度来看的话,部队的反腐败工作始终不透明,一切以军队保密、军队特殊为理由,对他们的监督太少,我觉得这是不对的。军队的指挥系统可以保密,但是军队的反腐倡廉必须公开。只有公开,人们才能监督。现在一提起军事法院就说保密,关于军队的腐败背景也极少披露。这实际上等于保护了腐败,掩护了腐败。所以我始终觉得军队的廉政工作的透明度需要大大提高。因为我们党政部门里面的腐败现象都是在报纸上公开的,但是军队一个都不让公开。这是一个不正常的现象。

记者: 关于信访和法治的关系,中央已有明确的定调,即涉法涉诉的案件要通过法治途径解决。应该说这是符合法治中国建设方向的。但现在有一种情况,就是我们反腐败把"问题官员"抓了不少,但是"问题官员"的背后往往是重大的遗留案件。中央巡视组巡视以来,一些市县在中央巡视组挂号的案件就有一两百件之多,有些案件经过包括最高法院在内的多级法院多次处理,从政府行政到各级法院裁决,都不同程度地存在问题。对于一些案件的当事人来说,再通过司法等法治途径解决问题,要么行不通,要么不现实。因为该走的程序都走了,但因为"问题官员"当年的干预或违法,的确存在冤假错案的问题。我认为,对于这些历史遗留问题,简单地要求通过法治途径解决似乎并不是理想的选择。比较稳妥可行的办法是,借鉴中央巡视组的经验,在中央政法委领导下，成立中央重大历史遗留问题专家组，从法律院校、律师事务所中抽调专业过硬、作风优良的法学教授和律师组成专家组，分赴各省，从中央巡视组受理的案件中选择一些重大历史遗留案件进行专门书面研究，提出具体处理方案，然后由中央政法委分送给有关部门贯彻执行。您赞同这一做法吗？

江平：你这个想法很好，关键要有一个权威的机构能够拍板，这是很重要的。现在最主要的问题是这种案子推来推去，没有人敢拍板，敢拍板的人也怕得罪别人，或者是以前的上级，或者是其他的什么人。因此，专家组必须具有权威性，带有"尚方宝剑"，可以决策。

02　依法治国是一个长期任务*

一、党的十八届四中全会要解决法治领域的问题

我原本以为周永康被审查的消息会在党的十八届四中全会期间公布，没想到提前了。两件事①同时公布，我认为有一定的关联性。

四中全会要研究依法治国，虽然没有提"拨乱反正"，但实际上四中全会就是要扭转之前一段时期政法领域的一些错误做法。

我始终认为，十八大以来，我们正在对这些错误现象拨乱反正。最新一轮司法改革方案和之前的"三五""四五"改革方案，我觉得与一般的改革力度不同。

首先，一个很明显的错误就是把法官和一般公务员放到一样的位置，加强了行政化。其实，法官和公务员有一个根本区别，就是公务员必须是下级服从上级，而法官必须服从法律，独立审判，上级法院和下级法院不是领导与被领导关系。因此，现在中央的做法就是要去

---

* 本文原载财经新闻周刊《新世纪》2014年第36期，系财新网记者据采访内容整理。
①指的是中央查办周永康和十八届四中全会讨论依法治国主题这两条新闻。——编者注

行政化。从目前司法改革的精神看,现在已经开始做这方面的工作了。

其次,公检法密切配合的思路实际上也是有问题的。在公检法密切配合的情况下,侦查机关如果侦查错了,检察机关也跟着提起公诉,法院也跟着判决。所以,只提公检法机关相互配合、相互协作,加强政法委对个案的协调,这是很危险的。公检法应该各司其职,更重要的是相互监督。

再有,宪法规定法院是以宪法和法律为准绳的,但前一个时期笼统地提一些说法,实践上容易带来问题,就是简单以政法委的态度代替法律。人民的利益也是很抽象的,如果法院要代表人民的利益,在民事案件里面,原告和被告都是人民,那法院是代表原告的利益还是被告的利益?我认为,既然宪法和法律是最高权力机关人民代表大会通过的,那就代表了党和人民的利益。

最后,前一个时期在维稳和维权的关系处理上存在比较大的失误,就是片面强调维稳。我觉得,从总体上来说,维权应该是最高的价值,不能以任何理由压倒对于人民权利的保护和维护。所谓权,就是指人民的权利,或者简称民权。当然,维权是不是压倒一切,还要看具体情况。如果一个国家本身的秩序都不存在了,某种意义上说,人民的权利也要受到迫害。比如说,社会发生很严重的动乱,在这种情况下,要维护国家的秩序,维稳就压倒一切了。所以在特殊情况下,维稳完全可能比维权更重要。

我们不能一概说维稳就比维权重要,或者维权就比维稳重要,都不准确。总体来说,维权是主要的,维权比维稳重要,但特殊情况下,维稳也有特殊的意义。法治本身就包括了维稳和维权两个方面。怎么处理两者的关系,这是依法治国里面很重要的内容,也是四中全会应该考虑的重要问题。

二、依法治国是对党的十八届三中全会决议的落实

在中共党史上，依法治国成为中央全会的主题是头一次，说明我党对法治的重视。

依法治国就是法治，法治和人治是中国几千年来社会现象最集中的表现，不是人治就是法治，中国几千年来始终没有摆脱人治。改革开放以来，应该说出现了很好的转机，邓小平同志提出改革开放，所有的领导人都废除了终身制，很多东西都走向了法治的轨道。

四中全会讨论依法治国，这是和党的十八届三中全会的必然衔接。三中全会提出："全面深化改革的总目标是完善和发展中国特色社会主义制度，推进国家治理体系和治理能力现代化。"国家治理体系和治理能力现代化，实际上就是要法治，不要人治。因此，现在讨论依法治国，实际是对三中全会决议的落实。解决好领导方式的问题，中国的发展就会事半功倍；否则，就会事倍功半。

依法治国是一个长期的任务，从法治和人治看，这个问题更是这样。如果寄希望于开一次全会就能够把人治和法治问题解决了，那是空想。但开一次会总比不开好，而且是党的历史上第一次以法治作为主题的全会，对于我们学法律的人应该是个安慰。我希望以此为契机，能够扭转一些局面。

三、依宪治国和依宪执政

2014年9月5日，习近平总书记在庆祝全国人民代表大会成立60周年大会上强调，坚持依法治国首先要坚持依宪治国，坚持依法执政首先要坚持依宪执政。这是非常精到的阐述。我们谈依法治国，而宪法是最高的法律，所以我们当然应该依宪治国。

违反宪法的案子,现在不仅有,而且不少。但是最高人民法院规定,法院的判决不能直接引用宪法来判,只能以具体的法律来判。这就存在一个矛盾,既然违反宪法,又不能依据宪法来告,那违反宪法的案件怎么处理? 谁来处理?

这个问题早在20世纪80年代就开始讨论。当初我在七届人大法律委员会时动议制定《监督法》。《监督法》涉及宪法监督的问题。当时有两个方案,一是设立宪法委员会,二是设立宪法法院。最后大家觉得比较合适的方案是设立宪法委员会。但在2006年颁布的《监督法》中,既没有设立宪法法院,也没有设立宪法委员会,而是将违宪问题交由全国人大常委会下面的一个机构做技术审查,看是否符合违宪的标准,如果符合就交到全国人大表决。

四、本届政府制度反腐意图明显

加强反腐败斗争,可能的原因有三:一是权力斗争,二是加强权威,三是真正解决腐败问题。把反腐败作为政治斗争的工具,在世界各国都是存在过的。通过反腐败来真正地解决腐败的问题,应该说也有。

从目前新一届领导集体的所作所为看,我认为应该是真正解决腐败问题的。比如说周永康案,我始终认为处理得非常正确,周永康个人的所作所为,例如他的贪权、腐败行为,几乎是公认的。

本届领导人要从制度上解决腐败问题的意图非常明显。比如,中央纪委正在建立海外追逃机制,加强对于中国资金流向海外的控制,将来可能所有流向海外的资金也要纳入法治管理的轨道。再比如不动产登记制度,将来不动产都要能够查询,而且要强制性登记。还有最近对国有企业领导人薪金的控制,也是制度反腐的一个方面。国企的财产是国家的,国有企业大多是垄断企业,国有企业领导人和一般工人的工资却相当悬殊，现在就要解决这个问题。

最后还要提到官员财产公开。我觉得官员财产公开早晚要实现，目前的问题是，到底哪些级别的官员要公开财产？是官员个人还是家庭成员需要申报财产？如果财产公开人数太少，仅仅中央部长一级要公开财产，一来老百姓会觉得没意思；二来对现在的反腐败没有决定性作用，因为很多贪污腐败发生在基层，小官巨贪。但是，如果连村干部都要公布财产，那公开的范围又非常大。所以，个人隐私和公众监督之间的关系怎么处理好，这是非常复杂的问题。究竟公开谁的财产呢？官员子女的财产是否要申报呢？从法律上说，子女独立了就是独立的人格，似乎不应该把官员子女的财产列入申报范畴。可是在现在的反腐实践中，很多官员的财产是子女拿着的，仅仅公布官员个人或夫妻的共有财产，不公布子女财产也不合适。

因此，还是要认真考虑官员财产公开制度应该怎么制定，不能变成形式主义的东西，否则就会束缚手脚了。

我想这四个方面都是要从制度上解决腐败问题。

最近，陆续有一些在中央重拳反腐下被抓的官员进入审判程序，可能有人期待这些案件的审判像薄熙来案那样公开。我认为，最起码这些案件的审判文书应当公开，比如起诉书和判决书。判决文书里有很多案件证据等，虽然不像审判记录那样详细，但是也有助于老百姓了解案件详情。

我们现在对于司法公开的要求越来越高，提出审判程序都要公开。而且最高法院已经明确所有的审判文书都应该公开。对于腐败分子的审判更应该公开，这是老百姓关心的事情。

03 解读党的十八届四中全会路线图*

凤凰评论：党的十八届四中全会之前，着重强调"依宪治国"和"依宪执政"，您怎么看？

江平：我认为这里面应该有两个含义。第一，宪法是国家的根本大法，"依法治国"说到底也是"依宪治国"，宪法的最高权威应该得到体现；第二，重塑人大权威。所有这些都是制度建设的问题。如果真正在制度建设上认真贯彻，真的是按照"依法治国"的要求，就要做到"依宪治国"和"依宪执政"。否则，法律规定都是可行可不行，那怎么来推行"依法治国"呢？

凤凰评论："依宪治国"，宪法的最高权威应该如何得到体现？

江平：现在宪法存在一个最大的不足，就是缺乏违宪审查的制度，这也是我一再强调的问题。因为现在法院明确规定，审判判决书不能够直接引用宪法条文来判，而现在民众的权利受到破坏，有一部分是因为直接违反了宪法而受到破坏。比如备受关注的房屋拆迁，随便一个地方

＊ 本文根据凤凰网评论频道就十八届四中全会"依法治国"主题对作者的访谈整理而成。

政府都有自己的地方法规，规定什么情况下应该拆除、应该赔多少钱。其实在讨论《物权法》的时候就涉及这个问题了，民众因房子被拆要告地方政府，地方政府说当地有规定，违反了规定必须拆除。如果民众提出补偿的钱太少，地方政府会说这个有补偿标准。到法院去告，法院不受理，因为这是一个抽象性的行政规定，对所有人都适用。

凤凰评论：那么建立违反宪法的审查制度，具体该如何操作？

江平：在这种情况下，民众的权利受到侵犯，是没有办法得到救济的，唯一能够实现保护自己权利的方法就是提起违宪诉讼。如果地方政府的行政规定侵犯了民众的权利，不管告哪一级的政府应该都可以。现在正在修改《行政诉讼法》，可以对政府抽象性的行政行为提起诉讼，但是并没有形成一个非常明显的违宪审查制度。现实中还得在具体案件提起诉讼的时候才允许提起诉讼，这并不是解决违宪审查的根本性制度的改变。现在违宪审查制度还只是由全国人大的一个机构来进行技术性的审查，这些看起来是很不够的，所以认真建立起违宪审查制度是保证公民权利非常重要的措施。

凤凰评论：您所说的"重塑人大权威"，主要指什么？

江平："维护宪法法律权威"，法律的至高权威和人大的至高权威是分不开的。但是，现在人大的权威还远远不够，到了地方，有很多人大通过的法律是不执行的。我曾经是七届人大常委，全国人大法律委员会副主任，过去在人大法律委员会工作时，对此感受很深。一般讨论法律的时候，往往要先听听国务院的意见是什么，国务院如果不赞成，那就麻烦了。虽说这其中有合理的一面，通过一部法律当然要听执法机关的意见，但是回过头来看看，过于考虑也可以说法律权威性就不够了。

凤凰评论：依法治国的核心内容之一是依法行政，转变政府职能，现阶段该如何推进？

江平：依法行政应该是依法治国里面很核心的东西，现在政府的权限实在是太大了。对于私权，"法无禁止即可为"；而对公权，则是"法无授权不可为"。公权和私权性质不同，这是世界各国法律界公认的规律。

从这个角度来说，公权力就应该有个明确的权力清单，也就是说，只有列在这个清单上的，政府才可以去做，否则没有法律依据。习近平总书记也说，"法定职责必须为、法无授权不可为，决不允许任何组织或者个人有超越法律的特权"。各级政府都应该明确自己有哪些权力，应该做哪些。"把权力关进笼子里"，就是这个含义。

凤凰评论：您曾对十八大以来的法治改革、司法改革表示肯定，认为存在诸多亮点。那么，在当前全面深化改革的背景下，强调"依法治国"有何特别的意义？

江平：应该将十八届四中全会与十八届三中全会联系起来看，三中全会提出了改革开放的路线图、时间表，也提到了治国的能力、体系的现代化。时隔一年之后召开四中全会，我认为这一次会议是治国理念、治国方法现代化的具体表现。

凤凰评论：四中全会召开之前，各方抱以很高期待，您怎么看？

江平：不管怎么说，召开一次以"法治"为核心议题的中央全会，在我党的历史上毕竟还是破天荒，所以我也对它寄予很大希望。

依法治国是全方位的，包括立法、司法、行政权力，也包括依法治社会，依法治市场，市场经济应该是法治经济。某种意义上可以说，如果用人治领导改革开放，那就是事倍功半，因为是用人治的方法来管理；如果用法治领导改革，可以说是事半功倍。四中全会应该说是一次领导理念、领导方法的革新的全会。

凤凰评论：从国家治理的角度来看依法治国，在中国历史上应该也算是首次吧？

江平：几千年来，中国的核心问题就是人治和法治。虽然总的来说是人治，但是在不同的王朝、不同的时期，体现的也不一样。在开明的王朝，法治成分大大增加；在一些专制帝王的时期，法治成分就大大减少。

凤凰评论：您在对过去的10年法治进行反思的时候，似乎对法治理念和法治思想更为警惕，提出"中国的法治存在危险"，着重是指哪些风险和倒退？

江平：新一届领导班子上台以后，随着周永康的下台，应该说我们正在逐步清除周永康带来的政法战线上的"毒瘤"，也可以说指明了一个新的改革方向，和周永康提出的司法改革完全不同的司法改革，这个从十八届三中全会的决议中可以看得很清楚，整个政法界，甚至法治领域正在出现一个新局面。

凤凰评论：作为长期关注法治问题的法学家，关于依法治国，您有什么具体的期待？

江平：我觉得能够期待的，就是在制度建设方面真正下功夫。依法治国的思想就是依制度来治国，这个制度就是法律制度。依法治国一个重要的思想就是任何做法都要于法有据——于法有据是依法治国的核心内容。

在财政预算体制方面，这个问题更为突出。一直以来，我国财政部门有很大的权力。而世界各国都严格控制财政预算，除了预留一些机动经费之外，没有权力处置其他费用。现在，我们必须把财政从"软约束"变成"强约束"，这在观念上要有很大改变。

04 法治思想助推中国变革 *

一、中国法治建设的四条轨迹

要对改革开放30多年以来的法治进程作一个总结的话，我把它归纳为四条轨迹。

第一条轨迹是循着人治和法治进行的。改革开放一开始，必须要解决法治还是人治的问题，这个问题不解决，一切法律建设都无从谈起。从这个角度来说，邓小平同志的思想就是想谋求一个长治久安的决策。一个国家怎么能够做到相对长治久安呢？从全世界的角度来看，寻求长治久安之策就在于制度的完善，或者是解决制度和人之间的关系，不是人凌驾在制度之上，而是所有人都在制度之下。从这个意义上说，改革就是从建立制度开始的，就是从限制和解决个人过分庞大的权力开始的。

第二条轨迹是集权和自治的关系，集权是国家集权，自治是社会自治。计划经济时代国家干预过多，经济发展完全按国家计划进行，甚至老百姓的生活、教育、婚姻、生育等一切问题都受到国家的干预。

* 本文根据《人民论坛》对作者的专访整理，原载《人民论坛》2014年第8期。

改革开放带来的一个很大的变化是给社会以更多自治的地位。我们看到，改革开放以来，经济方面一个非常重要的做法就是给企业松绑，对企业让权放利，给企业更多的自主权。国家和社会是改革开放非常重要的基础，强调国家就是强调专政的力量，国家靠强制力；强调社会就是更加强调社会公平。某种意义上说，到底是强调国家强制，还是强调社会公平，这是法律理念上的一个巨大转变。

第三条轨迹是私权和公权的相互关系。改革开放就是从扩大私权开始，从增强公民的私权意识、权利意识开始，从加强对于私权的保护入手。具体来说，这一条轨迹是从私营企业到私人财产，然后到私人权利。长期以来，我们认为公和私的关系里面，公是一切，但一个国家若没有私的权利保障，也许不能真正实现富裕强大。改革开放以来，我们懂得了这个道理，要想国家强大，必须要丰富私人财产，保障私人利益。认识到私权的重要性，就涉及对公权的限制。

第四条轨迹是法制和法治的关系。从"制"到"治"，是改革开放30多年来法治的一个重要飞跃。西方国家有善法和恶法之称。针对法律作深层次研究，你会发现制度在变化，也许有的制度侵犯老百姓合法权益，可以说它是恶法，有些制度阻碍经济的发展，也可以说是恶法。法律既不是万能的，也不都是好的，法律也是有价值观的。这就是我们常说的，有法律不等于有法治。

二、新中国60多年的法治历程

从民法典起草到《物权法》出台

新中国成立后，在先后三次经历民法典制定夭折之后，1985年，全国人大常委会法制工作委员会主持起草《民法通则》。当时，聘请了佟柔、王家福、魏振瀛和我作为顾问，后来被人们称为起草《民法通则》的"四大名旦"。从1985年《民法通则》起草开始，到1986年4月《民法通则》在全国人大会议上通过，我直接参与了这项工作，这是我第一次以专家的身份参与立法。在当时的社会背景下，《民法通则》正确地确立了我国民法调整的对象，确立了现代民法的四个核心原则。就此而言，《民法通则》在我国民事立法史上有着不可磨灭的功绩。中国的民法第一次恢复了它的"私法"性质。

1998年，我和其他几位专家开始着手第四次民法典起草。经过专家们讨论，一致认为此次民法典的起草应该采取分步单行立法，然后汇总为法典的做法。考虑到现实生活中的需要非常迫切，《合同法》排在第一位，并于1999年3月经全国人大常委会投票表决顺利通过。同年10月，我们着手起草《物权法》，但《物权法》的制定过程风波不断，起草进程远没有预想的乐观。经过人大常委会7次审议，在中央领导高调支持改革、强调改革方向绝不动摇的背景下，2007年3月，经历九死一生的《物权法》终于通过。

新中国至今，我们仍未诞生一部民法典，作为长期从事民法研究和教学的学者，我感到遗憾和痛心。但从《民法通则》到各个单行法的出台，这样的立法顺序是符合中国国情的，这为民法典的制定奠定了基础，也创造了条件。我坚信，在不远的将来，我们一定会有自己的民法典。

《行政诉讼法》：民可告官

在原民法典起草人陶希晋的建议下，由我担任行政法研究小组组长。在我所提出的"先程序，后实体"的想法得到大家赞同后，我主持起草了《行政诉讼法（草案）》，并于1989年通过。我认为《行政诉讼法》在中国立法史上具有划时代的意义。一部法律创设一个崭新的制度，一个崭新的制度推动了崭新的实践。中国几千年历史只有"官治民"、没有"民告官"的现象结束了。中国民主政治画上了浓墨重彩的一笔。

国企改制与《公司法》

从法律角度看，国企改革所面临的问题，实际上就是解决国家与企业、经济管理部门与企业以及企业相互之间的财产权利关系的问题。这些关系当中，国家与企业之间的财产权利关系又是制约其他关系的关键。我和同事联合撰写了《国家与国有企业之间的财产关系应是所有者和占有者的关系》，发表在1984年第4期的《法学研究》上，在肯定国家所有权的前提下，探讨国家和企业之间的关系。在经过3个阶段的立法实践后，《公司法》于1993年通过并在12年之后进行了修订。

我认为《公司法》为中国市场经济法治的完善做出了重要贡献。1949年中华人民共和国成立后30年间，我国内地一直没有出现过真正的现代公司。改革开放后，公司开始出现，但它也不是立即出现的，只有当经济土壤出现适宜的温度和湿度，它才会生根发芽，这就是私有制和市场经济。这种土壤在中国初步形成后，不到5年时间就诞生了第一部《公司法》，这是很快的，我们在它上面砌过砖、添过瓦，我们感到很欣慰。

从1956年从教以来，我的学生中已经退休的难以计数；从1979年复校以来，我的学生中在政法岗位上工作的数以千计；从1991年我开始招收博士以来，总共培养将近20届的近百名博士生。我希望能对法学界的后辈们有所启迪，那就不负初衷了。

05 选好改革既得利益的突破口*

人民论坛:江老师,谈及改革,必然涉及既得利益者。有观点认为,所谓"既得利益者"是在制度调整和社会整合时期形成的合法或不合法的特殊利益群体。也有观点认为,"既得利益者"包括在制度变迁中获利的"我们"所有人。您如何界定"既得利益者"?

江平:我个人认为,既得利益与既得利益者并不完全是同一个概念。从字面意义上看,"既得利益"可以理解为一种客观存在,既有事实;但"既得利益者",我认为还是有一点点贬义的,如果把全社会都称作"既得利益者",面是有些宽了。

举两个例子,第一个是农村的土地承包经营。农村土地实行承包经营之后,可以说几乎所有的农民都从中得到了利益,但我觉得并不能把所有的农民都称为既得利益者。如果从制度角度看,土地实行承包经营,一开始并没有特别放开流通,后来放开土地流通之后,相应的法律法规有些滞后,负责农村集体土地使用权出让的一部分人利用这个空隙发了财,成为既得利益者。而在一些城乡接合地区,部分农

---

　　* 本文根据2013年11月《人民论坛》对作者的专访整理,原载《人民论坛》总第421期。

民失去了土地，得到的补偿却非常有限。虽然他们也从中获得利益，但与决定农村土地使用权出让的人相比，还是不一样的。

　　第二个例子是城市中的国有企业。在国有企业改制过程中，一方面，一些企业领导利用制度漏洞获得了不少好处。另一方面，一些普通职工被买断工龄，下岗失业。受地方财政状况限制，有些地区职工得到的补偿非常有限。企业进入市场，实行现代企业制度以后，国企里高管的工资与普通职工工资差距也非常大。因此，不能笼统地将两者统称为既得利益者。所以，我个人比较赞同第一种观点，既得利益者是在制度调整和社会整合时期形成的合法或不合法的特殊利益者。总的来看，既得利益者绝大部分是合法的，基本上是在改革和社会调整时期由于制度的不完善形成的。

　　人民论坛：是否可以这样理解，当前中国存在的既得利益是社会发展与转型的一种客观存在，既得利益者的形成也是不可避免的？

　　江平：一方面，当前的既得利益者确实是在社会变革过程中形成的。改革有两种模式，一种是先健全法律法规，然后再进行改革，俄罗斯的国企改革就是这种情况。当初，俄罗斯组织一部分年轻的经济学家设计出一个国企改革总体方案，方案里尽量把规定、路线、步骤设计详细，然后由议会表决通过，按照这样的总体方案进行国有企业改革，即所谓的国有企业股票全民化。这种方式的好处是，可以在制度层面尽可能完善，按照既定的法律法规按部就班地进行。但缺点也很明显，少数精英事前设计好的方案往往过于理想化，执行起来可能会脱离现实，一旦走错方向也很难纠正。第二种模式，即中国在过去30多年所呈现出来的改革特点——"摸着石头过河"。这种模式的好处是能够在改革实践过程中及时纠正偏向，损失少一些，成本低一些，风险小一点，但从一开始就建立特别完善的法律法规不太现实。因此，部分制度建设、法律法规建设滞后于社会转型与发展，在其完善衔接的过程中产生了一些制度空隙，使一部分人有机可乘，获得利益。所以，改革不能总是"摸着石头过河"，要与顶层设计相结合。

但另一方面，我们也要承认，并不是所有的问题和矛盾都是改革必须承受的，有一些是可以避免的。比如国有企业的改制。对待国有企业的下岗职工，财政收入好一些的地方，处理得就比较好，而一些相对贫穷落后的地方差强人意。有一段时间，这些地方的国企下岗职工只能依靠亲友帮助。如果在企业破产、关闭、改制之前，能够出台相应的社会保障制度，应该更有利于保护这部分群体的基本权益，更能体现社会公平公正的原则。

人民论坛：从计划经济体制转变到社会主义市场经济体制，传统的既得利益者被动摇、被突破。请您谈谈法治在其中的贡献。

江平：从法治角度看，主要有三个方面。最先突破的是农村，包括两项改革，一是土地承包经营，即从原来的集体耕作变成承包经营；二是土地使用权的有限流通。1982年12月4日，第五届全国人民代表大会第五次会议通过的《中华人民共和国宪法》第十条规定："农村和城市郊区的土地，除由法律规定属于国家所有的以外，属于集体所有；宅基地和自留地、自留山，也属于集体所有。"1986年6月通过的《中华人民共和国土地管理法》使这一制度更加明确。这样在法律上使农民土地承包经营权有了保障，农民可以放心地在自己承包的土地上耕作，激发了农民积极性，释放了农村生产力。但在农村土地改革过程中，当时很多人意识和观念落后，不能完全理解土地流通的价值，导致个体对土地流通政策在理解和敏感度上存有差异。那些对土地价值敏感，掌握土地支配权力或者审批土地流通权力的人自然成为农村土地改革的既得利益者。

农村活力释放之后，城市里的经济特区成为突破口。最早的一批经济特区包括深圳、珠海、厦门、汕头，后来海南省也纳入经济特区行列。经济特区被赋予很多政策上的优势，从法治角度看，有一些立法先行的味道。以广东为例，根据《广东省经济特区条例》，广东省人大常委会陆续制定、施行了关于《广东省经济特区入境出境人员管理暂行规定》《广东省经济特区企业登记管理暂行规定》《深圳经济特区土地管理暂行规定》等单行法规，经济特区法制日趋完备。当然，经济特区的建立在动摇传统计划经济体制的同时，也带来了地区差异、政策差异，并使一部分对开放格局和开放政策有强烈敏感性和预见性的人从中获得利益。

传统计划经济体制的第三个突破口是国有企业改制。20世纪80年代初，国有企业在国民经济中扮演的角色越发尴尬。改革开放首先要放开企业，但如何放开企业，大家并不是很清楚。探讨国有企业改革问题，首要的问题就是厘清国家与企业之间的关系。当时学术界出现了"代理权说""租赁说""独立所有权说"和"经营管理权说"等意见，我和同事康德琯、田建华联合撰写了《国家与国有企业之间的财产关系应是所有者和占有者的关系》，发表在1984年第4期《法学研究》上。我们大胆地提出，从法律层面来看，国家所有制就是国家所有权和企业占有权的有机统一。国家和企业之间的关系应该表现为财产所有者和占有者之间的关系。1988年4月13日，第七届全国人民代表大会第一次会议通过《全民所有制工业企业法》时，最终在第二条规定："企业的财产属于全民所有，国家依照所有权和经营权分离的原则授予企业经营管理。企业对国家授予其经营管理的财产享有占有、使用和依法处分的权利。"这种立法规定，等于确立了"国家享有所有权，企业享有经营权"的国有企业经营模式。后来，朱镕基同志担任副总理的时候，搞了一个《全民所有制工业企业转换经营机制条例》，给国有企业放权14项权利。朱镕基同志很重视这个条例，但基于种种原因，最后还是做了折中，实行起来效果并不是很理想。最后学者们发现，国企改制最好的方法是在产权制度上做出根本变革，走股份制道路。当时很多人没有想到股份制方向，以厉以宁、吴敬琏教授为代表的经济学家提出股份制的时候，很多人反对，说国有企业怎么可以搞股份制呢？但实践证明，股份制恰恰是国企改制最好的方法。伴随国企改制也存在一些问题，一是企业普通职工占有股票数量比较有限且无法转让；二是经济上比较有利的国企，如控制较多资源的煤炭、石油等企业，得到的既得利益相比其他企业要多一些。

人民论坛：您认为中国改革的"攻坚期和深水区"具体体现在哪些方面？如何在深化改革的同时不出现"颠覆性错误"？

江平：我认为改革"深水区"是指要解决过去改革过程中没有解决的深层次矛盾，既然是深层次矛盾，可能就要牵扯一部分人的利益调整。而改革"攻坚期"，我认为是要培养真正的中国竞争力。什么是真正的竞争力？从GDP总量看，中国目前位列世界第二，但从国家竞争力看，应该在十几位至二十几位之间徘徊。在一些领域，企业仍需要依靠政府保护和推动，如出口补贴等，我觉得这离真正具有国际竞争力还有些差距。如果把我们的企业都放到世界市场经济的大海里让其自由游泳的话，可能还有些风险。中国上海自由贸易试验区的成立也是出于这样的考虑。在国际规则下让企业参与国际竞争，成功总结了经验并逐步扩展，以提高中国真正的竞争力。这也是李克强总理一直强调的，我们不是用政府政策保护或者推动市场，而是在理顺政府与市场关系的基础上，转变政府职能，充分释放市场活力。

"颠覆性错误"，是我国领导人比较新颖的提法。我的理解是，我们应该吸取苏联的经验教训，不能在经济体制改革未深化完善的时候，就急于进行政治体制改革。我认为中国下一阶段改革的大方向是经济体制改革深化升级，政治体制改革稳步推进。改革是不可以急于求成的。

人民论坛： 请您从法治建设角度谈谈既得利益与改革的关系。对于当下中国，从哪些方面入手可以突破既得利益对改革的阻碍？您对十八届三中全会有哪些期待？

江平： 我把既得利益者理解为少数人而不是多数人，因此，依靠既得利益者推动改革还是比较困难的。这就需要法治建设，通过法律进行约束和限制。法律的重要性在于它可以作为社会公认的行为准则，保证社会秩序正常运转。深化改革需要通过法律的形式贯彻执行，一来可以体现全民意志，二来在具体执行过程中，也可以通过法令作为后盾，将改革的意志贯彻下去。

突破既得利益者对改革的阻碍，我认为重点在于财政和税收两个方面。第一，财政包括中央财政和地方财政，目前中央财政状况比较好，地方财政差异比较大，有些地方财政状况不容乐观。需要努力加强对财政预算的有效监督和合理控制，提高财政预算的透明度、信息发布的公开性以及政府的公信力，缩减预算与决算差额。第二，调整税收政策。税收政策改革，尤其是税种的调整，是通过二次分配体现社会公平的直接举措，是缩小贫富差距、实现利益均衡的关键所在。最大难点在于如何达成社会共识。我认为，不能单纯地降低富人收入，更重要的还是要提高穷人收入，提高社会人均最低工资水平。

我对十八届三中全会的期待：首先，经济领域，很明显要加速土地流转，主要涉及农村集体土地。这其中包括三种土地：一是耕地，要严格保护和限制。二是农村集体建设用地，肯定会大大放宽。依据《物权法》，农村集体建设用地应享受与城市国有土地一样的权利。三是宅基地，也会相应地鼓励流动，但具体办法需要深入研究，拭目以待。另外，类似自贸区的具体改革政策的出台是可以寄予很大希望的。

其次，法治领域，有人建议对法院行政系统进行改革，我个人是赞同的，但难度比较大。现在只是草案，需要进一步讨论，需要考虑如何协调中央与地方的关系。再次，政治领域，主要是以行政审批改革为主，转变政府职能，关键是理顺政府与市场的关系。最后，社会领域，重点在于社会保障制度的完善。

附：

我的中国梦就是法治天下

人民论坛：您的中国梦是什么？

江平：法治天下，真正实现依法治国。依法治国，人权、私权保护，市场经济，这些原本被否定、被反对的理念现在已经写入宪法，这是中国法治建设的一大进步。但写明并不代表全都实现，真正实现还需要一段较长的时间。60多年来，我们这代人经历了个人的磨难和曲折，也经历了国家的磨难和曲折，所以，我希望中国不要乱，希望中国富强、政治民主、社会公平。如果现在出现体制上的大乱，那是中国历史的大倒退。

人民论坛：您觉得建设法治中国的核心是什么？

江平：讲到法治问题，实质说来涉及权力和权利的关系，一个是公权力（power），另一个是私权利（right），这两个问题涉及法治的核心问题；讲法治，离不开这两个关系，两种权。我们要区别社会管的是哪些，市场管的是哪些，政府管的是哪些，这几点必须明确。可以说，市场管的主要是私权利，以私权利为核心；政府管的是公权力，是公权力的核心；社会管的是什么？社会是自治团体，自治性就确定了它既有power的一面，也有right的一面，尤其是在社会关系中，确定哪些属于社会拥有的权力，哪些属于社会中应该有的权利，把两者的界限明确划分出来。

人民论坛：您如何理解法治精神？

江平：改革开放30多年，无非两个主轴：一个是市场，另一个是法治。我认为，在今天，市场经济和法治更多地与国际趋同，无论是市场，还是法治，都需要一个基本共识。我认为法治精神中最基本的无非是民主和自由这两个基因。60多年前，我还是高中学生，在参加学生运动时高喊着民主和自由的口号，今天这个目标依然存在。当然，我认为中国的民主进程只能循序渐进，只能在目前的体制内进行。

人民论坛：您如何看待中国法治的未来？

江平：我直接说期待未来解决的问题：第一，要加强权力的制约与监督；第二，继续转变政府职能；第三，要特别注意公权对私权的隐形侵犯，如在社保、教育、医疗等公共产品上，希望政府未来能够做好，担负起应有的责任。

06 厘清改革的共识*

一、厘清改革的共识

我认为改革有一个共识，这个共识应该是趋同而不是趋异，也就是说，在大方向上与国际潮流保持一致，而不是相反趋异。这并不是说完全照搬西方，一方面要与国际潮流趋同，一方面又不能完全相同。

按照这个观念，近年来实行的改革，特别是政治体制改革或者司法改革，并没有走上趋同的路线，而是走上了趋异的路线。为什么说这些年的司法改革是倒退的？核心就是要明确司法到底是不是独立的。这些年来，我们不谈司法独立，谈的更多的是司法公正。现在看来，如果法院丧失了自己的独立性，实际上是个危险信号。我国宪法中有一个重要原则：司法独立。没有司法独立，就没有司法公平。另外，我们也很少关注如何真正增强司法权威的问题。法院确实有腐败现象，有判决错误的现象。但是，解决这个问题并不是通过削弱司法权威，而是通过加强司法权威。

---

* 本文根据2012年11月搜狐财经"改革再出发：对话思想者"系列对作者的专题采访整理。

我们还需要明确，法官到底是司法上的审判员还是国家的公务员。现在法官完全按照公务员管理法管理，而且法院内部也有下一级服从上一级的决定：审判员要服从审判长的意见，审判长要服从庭长的意见，庭长要服从院长的意见，更大的事情需要审判委员会决定。这样的一套行政制度造就了法院里的行政气氛极浓，官本位思想也极重。从这点来说，层层请示的制度实际上造成了审判中的两审制度形同虚设，一审审判中出现了疑难问题，依照行政请示制度请示上级，按照上级的批复意见来办，两审制度形同虚设。

世界各国越来越重视调解的作用，但是如果我们追求调解率，要求调解率必须达到多少，这就意味着将调解作为手段，将调解作为目的。审判方式也是如此。现在越来越提倡马锡五审判方式[①]，法官接近群众是应该的，但若强调马锡五审判方式，就意味着法官的审判流于一般，这里会涉及一个根本问题：法院到底起什么作用？法院应该作为一个中立者听取双方的意见，还是更多地介入案件调查之中，这需要进一步思考。

二、私法比公法重要得多

现在应该说私权受到私权的侵犯比较好解决，但私权受到公权的侵犯就比较难解决了。公权力的行使是没有约束可言的，30多年来很重要的一个问题是解决公权对私权的侵犯。怎样解决呢？一方面我们通过了《行政复议法》《行政诉讼法》《国家赔偿法》等，另一方面是约束公权。我们制定了依法行政的纲要，加强了公民的知情权，确立

[①]　马锡五审判方式是抗日战争时期马锡五担任陕甘宁边区高等法院陇东分庭庭长时创立的群众路线的审判方式。——编者注

了信息公开制度。虽然不能说总体上公权越来越强大，可在某一段时间里，人们会感觉到公权比私权扩大得更多。

公权力之所以扩大还有一个原因，就是国家在市场领域里的干预作用。多年以来，我们都是公权过大、私权过小。过去，公权过多干预私生活的各个方面。最严重的时候连吃饭都由国家来管，结婚还得国家来批准，公权力无所不在，私权利就收缩得很小。现在，我们所说的大社会、小政府，就是要反其道而行之，公民社会也好，市民社会也好，属于社会的应该恢复到它本来的面貌，应当给予它更多的自由，国家尽量少干预。中国的改革有自己的特色，我们面临世界经济危机时，应对方式也很"独特"，因为强大的国家干预，所以我们遇到的困难少一点，我们现在还属于"中国模式"。现在存在一个危险，我们没有很好地认识到"中国模式"的问题所在，有的时候过分强调国家干预的作用，有意无意地扩大了公权力的作用，这是危险的。

近年来，尤其是在《物权法》通过后，私权领域出现了回归、觉醒。在拆迁问题上，老百姓之所以能站出来保卫自己的私权，跟《物权法》的通过有很大关系。总的来说，私权正处于一个上升的时期。为什么私法比公法重要？如果连私人财产都得不到保障，那么就无从提及国家的富强。国家的富强是建立在私人财产得到保障的前提之下的，这是一个国家强盛的重要基石。

三、减少干预市场自由

提起吴英案[①]，我们要尊重规则，遵守现行法律，但如果判吴英

---

① 吴英，原浙江本色控股集团有限公司法定代表人，2012年因集资诈骗罪被判处死刑，后改无期徒刑。——编者注

死刑就是量刑过重了。现在的法律取消了"投机倒把"这个罪名,规定了非法集资罪。在法律没有修改前,如果吴英真的触犯了法律,就应该依法受到惩罚。但是是否应该修改法律是另外一个问题。民间借贷和非法集资的界限很模糊,而政府对此问题一直采取严厉打击的态度,过去涉及非法集资的案件是会判处死刑的,比如邓斌案等。这反映出政府在此问题上承担了过多的责任,老百姓借钱集资,他还不上,政府来处理,从法理上看,这不是政府该管的事情,谁欠债谁还钱嘛。可是实际上往往并非如此,由于集资数额巨大,涉及人数众多,一旦处理不当,波动很大,会威胁到社会稳定,政府要出面解决。这就像我们早期的证券市场,那时老百姓买股票赔了找政府,现在大家意识到股市有风险,责任自负。这和我们的市场经济理念不成熟有关。

吴英在民间借贷以及类似问题上并非完全没有犯罪行为,但是,如果用市场的眼光来看这些问题,结论就有所不同。现在,一些地方或者一些人拥有大量资金,但没办法贷出去;另一方面,又有一些人很需要钱,但在现行的合法渠道中贷不到款。在这种情况下,如何能够做到钱尽其用,值得关注和探讨。

可以说,现在一些法律法规已经落后于市场经济的发展,再将这些法律法规作为判决依据,已经不合时宜了。需要指出,曾经有过一个口号:要让那些犯法的民营企业家人财两空。这个提法有一定的道理,就是说不能只判刑,而不没收犯罪分子非法获得的财产。

我们一直在谈市场和法治的关系,我认为这其中包含两个方面:一个是市场自由的法治,一个是市场秩序的法治。自由与秩序,从法律来看,这两个方面的性质是不一样的。如果讲的是自由的法治,国家应该尽量少干预,给予市场主体自由,让市场自己来解决问题。这体现了大社会、小政府的思想,即尽量由社会自己来解决问题。但是这个理想始终没有实现得很好。在我们的市场自由法治里面,国家的干预还是很多。

07　改革不求快，但必须改[*]

南方周末：您经常说，中国法治的进程"不是一条笔直的道路"，到底该如何理解？

江平：中国法治进程曲折，这是笼统而言，因为法治涉及的面很广。我们过去无法可依，现在有很多法律了，法律体系也基本完成了，从这点来说是前进了。再比如说，现在公权力的行使，尤其是政府部门行政权力的法治化、公权力的透明度、财政状况预算的透明度等等，这些都有进步。

但是，还是有一些重要方面没有向前。最重要之一就是司法改革的滞后。一个国家的法治化，很大程度上表现为司法权力。我们在司法权的行使方面强调司法公平，也更应该强调宪法中明确规定的独立行使审判权，这是我们宪法中明确规定的，这一点强调不够。

又比如说对待律师的态度问题上。律师在维护社会主义的法治和民主方面是很重要的一个组成部分，而目前司法界低估了律师的作用。刑事案件辩护率低，这个问题也是很明显的。

---

　　* 本文根据2012年9月《南方周末》对作者的专访整理。

南方周末：社会各界在纪念改革开放30年时，有一个比较重要的命题：下一步的改革动力在哪里。最近法学界也在讨论"体制内力量"对于法治进程的作用，不知道您怎么看？

江平：体制内的力量是绝对不能够忽视的，据我所知，公检法内部很多人是很理性的，很了解我们国家法治应该怎么样去做。

南方周末：在近几年的一些大案、要案中，律师抱团进行辩护活动，一些法学学者，包括您本人也担任过几个案子的顾问，为何要介入这些个案？

江平：我想这个做法是能够引起社会关注的一种方法，能更好地把法学家和律师结合在一起。因为我们知道，对于我们社会上的法律人来说，一个是公检法机关的法律人，这是体制内的，另一个是体制外的律师、教授。

我们要推动体制内的改革，要获得体制内的力量的支持。利用体制外的力量来呼吁，也能起一定的作用。但律师有时候感觉现在他们的地位还比较弱，只靠自身的力量，他们的声音还不足以引起人们的注意，所以，他们很希望能把法学家里面的一些力量组织进来。像这次贵州案件里面，和学界里面有影响的人物联合起来，可能发挥的作用更大一些。我觉得这是一个很好的路子。

南方周末：您一直强调法律人在国家中的作用，如果有越来越多的法律人参与国家和社会管理，对中国的法治建设会产生怎样的影响？

江平：应该说，律师是很重要的社会进步力量，不应当仅仅将其看成法律的力量。看作是法律的力量，把律师的作用看小了。现在我所看到的律师参与，更多地体现在人大代表上了。我相信在未来中国的政治结构里面，搞法律的人会越来越多。

南方周末：邓小平同志说："不搞政治体制改革，经济体制改革难于贯彻。"2011年建党90周年大会上，胡锦涛同志也强调，要积极稳妥地推进政治体制改革。法律界对此热烈响应。今年全国"两会"期间，全国政协委员、宪法学者杨海坤教授在分组讨论会上建议推进政治体制改革。请谈一谈您的意见。

江平：他的这个意见我完全赞成。我认为中国的政治体制改革，应该说，和我们的法治有非常密切的联系。法治的清明就在于政治的清明。

我觉得未来的趋势肯定是继续改革、继续开放，甚至将在经济体制改革上走得更远，这个没有问题。但是，关键是步伐有多大，内容是什么。我觉得步伐不能够要求太快，因为中国嘛，改革开始慢一点，也是可以理解的，但是必须改革，坚持改革这是对的。

我比较倾向于改革应当特别注意党政分工，从这个角度来着手。邓小平同志在改革初期的时候，就提到过"党政不分是中国政治体制改革中最关键的问题"。这也就是我们常常说的，党起的是领导作用，不能把"党"和"政"的角色混淆。

其他方面，比如行政体制改革，对政府的权力做更多的限制。公权力的行使，最大的问题就是容易侵犯私权利，现在我们有行政诉讼，但只能够告具体行政行为，不能够告抽象行政行为。而要解决抽象行政行为的话，就面临一个宪法诉讼的问题。没有宪法诉讼，怎么保障老百姓的宪法权利呢？法律也好，制度也好，必须有一个规定，这个很重要。

其实说透了，一个很重要的内容就是要减少公权力在社会生活中的干预作用和干预分量。

南方周末：这几年中央和各级官员都在说要加强创新社会管理，尤其突出表现为协调各方利益，解决社会矛盾，要更多依靠社会的力量。您的一个重要论点是要更多地扩大社会权力，赋予社会自立、自治的功能。

江平：社会权力的立足点是市民社会。马克思在他的早期著作中多次谈到，社会本身是政治国家和市民社会的组合，这是社会很重要的两大组成部分。从法律的角度来讲，政治国家是公法或者公权存在的基础，而私法存在的基础恰恰是市民社会。

国家干预当然是指公权的范围，国防、外交、立法、司法、行政，这些权力由国家来管。那么，市民社会管哪一部分呢，通俗地说就是管公民自己的生活和后代延续，吃喝拉撒睡等。老百姓为了自己的生存，他要生产、要消费、要分配、要公正；为了后代的延续，他要婚姻、要生孩子、要继承。这些不需要国家大包大揽，国家不管，社会也管得很好啊。马克思说："实际上，家庭和市民社会是国家的前提，它们才是真正的活动者。"

我国向来是公权过大、私权过小。过去，公权无限制地干预私生活的各个方面。最严重的时候，甚至吃饭都由国家来管，吃食堂，结婚还要国家批准，是不是？类似这样，公权力无孔不入，私权利就收缩到很小。现在，我们所说的大社会、小政府就是要反其道而行之，属于社会的，也就是你说的公民社会也好，市民社会也好，这部分应该恢复它本来的面貌，应当给予它更多的自由，国家尽量少干预。

现在有一个可喜的现象，就是逐渐放宽对社会团体的管理。过去社会团体必须要有固定的挂靠单位，现在有些地方不需要了。

08 2014，依然谨慎的乐观*

新浪网：去年（2013）年初您曾表示，对当时刚选出的新一届政府的态度是"谨慎的乐观"，现在是否有所变化？

江平：这个看法没有太大的改变。乐观是指党的十八届三中全会决议在改革这方面的进步，任何一位领导在中国继续贯彻改革的方针我都拥护。谨慎主要是指三中全会关于政治体制改革的亮点还是不够多。所以"谨慎的乐观"依然还是我现在的态度。

新浪网：2014年被称为全面深化改革元年，您对今年的法治建设和司法改革有哪些期许？

江平：司法改革的路线图在三中全会上已经明确，包括省以下的人财物都由省级统管。但要实施这个目标还有很多工作要做，包括改革审判委员会、去行政化等方面，都需要努力。

我认为从周强担任最高法院院长后，大力推行司法改革，做法有根本性改变。现在中央提出要把司法公正做到让人民感觉到每一个具

＊ 本文根据作者在新浪网2014年全国"两会"大型专题《思辨，2014》栏目的访谈整理。

体案件的公平正义都能够维持，这是一个很好的提法。但我们在冤假错案方面要有更进一步的动作，不能只限于已经非常明显的案件。在实践中，我们的冤假错案还有不少，比如重庆当年的"打黑"案件，当中有很多是不公正的，但这些案件一个都不能动。当时主持工作的市委书记和公安局长现在都被判了刑，在这个前提下，他们当年所判决的案件没有一个能被推翻。这个不能理解。

新浪网：在司法独立的制度建设上，我们有哪些方面需要改革？

江平：从三中全会决议来看，司法独立进了一步。现在规定省以下的人财物由省法院统一起来，这说明省以下的政法委员会大大减少了对法院的干预。总的来说，政法委员会已经明确，各级政法委员会不要具体干预案件。

可是终究来看，党政不分是我们现在解决独立审判的最关键问题。比如说，省级以上党的领导干部能不能干预案件？这个问题就麻烦了，省级法院的院长可以不听省长的话，但是能不能不听党委书记的话呢？如果不听，很有可能就被免职，怎么处理这个矛盾？所以说，党政不分始终是我们司法独立面临的一个关键问题。

新浪网：也就是说司法改革必须去行政化？

江平：司法系统的去行政化非常必要，审判人员不能自己来判，审完了案子还要请示上级，更大的案子还得让院长来批。判的人不审，审的人不判，这种行政化的倾向是造成审判不公正的重要原因。

去行政化要真正做到审判的人有独立的权力来判案，首先要改变审判委员会的权限，现在审判的人不能自己决定，还要提交审判委员会讨论，而委员会本身就由各方面人员组成，有些人士并不专业。

另一方面，院长的任职问题也需要去行政化，现实中很多院长并不是从法院内部提升的，因为职务提升是要看级别的，而基层法官往往级别不够，最后提升上来的院长往往并没有做过审判工作，甚至个别人都不具备法学的知识，这是很可怕的现象。要求法官专业化，而院长偏偏是外行，非常不合理。

新浪网：既然司法改革需要去行政化，那您对于中央巡视组的反腐方式有何看法？

江平：反腐应该多样化进行，不一定只有一种模式。在我国，腐败的情况比较复杂，在多种反腐形式中，中央巡视组是一种可行的方式，比如中国人民大学巡视组发现的人大自主招生腐败问题，就是一个很好的现象。因为一个巡视组来到一个地方，这个地方的群众就会揭发当地的腐败现象，腐败分子就会露头。巡视组针对的不是某个人，而是一个单位，在这个方面有进步意义。

巡视组和钦差大臣不同，他们依然是依法工作，并非利用自己的法外权威。这种方式的关键在于我们将来还得在法制上更加完善，于法有据地派出巡视组。

新浪网：怎样看待群众检举、网络反腐等其他反腐方式？

江平：除了巡视组外，群众检举是很重要的反腐方式，从广义上来说，群众的眼睛是雪亮的。把领导掌握的和群众掌握的反腐方式结合起来，这种工作方式比较有效。

从跟踪偷拍上海法官嫖娼一事来看，我个人是持肯定态度的。拍摄者经历了这个案件，怀疑法官有不公正的行为，所以他采用私下拍摄的方式。从法律角度来讲，并没有不妥。国家机关，如公安机关，采用秘密跟踪的行为时要有所限制，不能随意对任何群众采用这种方式。但在群众进行调查时，采用这样的方式，是在法律允许的范围内的。像这样的群众检举方式都是很好的，应该鼓励。

新浪网：2013年，司法领域发生了很多重大事件，最具代表性的就是薄熙来案，以微博直播进行播报的公开审理方式引起了民众的高度关注，这个事件对我们的司法改革有何意义？

江平：微博直播的方式是个很好的尝试，正如周强院长所提，以审判公开促进审判公正，只有所有的审判的细节都摆在公众面前，公众才能对案件有一个最直接的判断。所以审判公开是改进我们司法公正模式非常重要的一环。将来我们需要把所有的审判文书都放到网上，让百姓、律师、法学教授们都能看到，这就会促使我们的审判环节依法办事，有助于外部对法院的监督。

新浪网：2013年劳教制度被依法废止，然而近日又出现了"训诫中心"这种替代式的劳教、截访方式，为何会出现这样的状况？

江平：劳教制度在我国已经实行了50年，在一些部门看来，这是能使用的最熟悉的方式，我们现在最担心的也是劳教制度被废除后，变相的劳教制度还存在，而训诫中心的出现就是这种思潮的反映。

这个现象其实和另一个制度密切相关，那就是信访制度。如果你认为上访是违法的，自然会有截访、训诫中心的存在，如果你认为上访是合法的，就不应该出现这种现象。现在对于信访制度也有新的观点，上访只要涉及法院，就纳入法院来解决，其他方面也是该在哪层解决就在哪层解决，尤其强调不能认为上访人员的行为违法，对他们加以迫害。

新浪网：提到劳教，那就不得不提冤假错案，有学者认为，我们是一边平反、一边制造。您如何评价司法机关在防止冤假错案方面所做的努力？

江平：冤假错案的产生，最根本的原因在于法院审判基础，也就是证据方面的错误。因为采用了虚假的、没有经过严格核实的证据，才会出现冤假错案。

要解决冤假错案，根本途径在于两条。一个是排除非法程序，如果欠缺要求公正真实的证据的程序，例如审判环节上缺少对质等基本程序，将会是很危险的。我们现在已经明确了刑讯逼供不能作为定案依据，这一条能更好地防止冤假错案。另一个是司法人员刑事审判的意识，最关键在于从"有罪推定"到"无罪推定"观念的转变，"无罪推定"的观念以前没有纳入审判人员的头脑中，而"有罪推定"的观念非常糟糕。

去年（2013），最高人民法院常务副院长沈德咏提出了"宁可错放，不可错判"，尤其强调在死刑方面不能随便定罪判死刑。他的这个观点我认为非常重要。

新浪网：无罪推定的观念是否又会加重公安机关刑侦工作的难度？

江平：任何受到指控的人，他的权利都应该得到尊重，虽然他犯罪了，但诉讼法规定，他的一些权利是不能够被侵犯的，只有充分尊重受指控人的合法权利，才能减少冤假错案的概率。

任何冤假错案的共同问题都是没有充分尊重犯罪人的合法权利。现实中往往对他们的申诉和不同意见不加考虑。而这就是我们常说的审判民主的问题，犯罪的人也必须要有律师的辩护，哪怕他自己请不起律师，可以请司法援助，对他提出的任何问题都应该仔细考虑分析。从程序上说，这些问题都是防止冤假错案的重要环节，如果每个环节都能做到的话，就能保证不发生冤假错案。

新浪网：怎么看待民众不认可为"坏人"辩护的思维，例如去年沸沸扬扬的李某某强奸案？

江平：第一，不能由民众决定审判，审判是由法官决定的，群众缺乏法律知识，只能凭自己的直观感觉判断当事人有罪还是无罪，法官必须按照法律、按照事实，从自己的内心来判断。

第二，认为律师不应该为"坏人"辩护，这是一个根本的法律观念的缺失。任何人都有得到法律援助的权利，这是现代司法的重要原则。哪怕是百分之百的坏人，一旦他坐到审判席上，他就变成了弱者。我不赞成所谓坏人不应该得到法律上的保护和辩护的观点，哪怕为"坏人"辩护时，律师有一些出格的行为，只要是合乎当事人利益的，就不能说律师的做法是错误的。

应该说，民众的法律观念是自然形成的。一个人对社会的任何事件都会有情绪反应，很难说这种情绪对或不对，但一旦情绪形成舆论意见，并有可能左右法庭的判断时，就需要警惕民粹主义的风险。一切交给老百姓来判断的倾向，这是要防止的。

新浪网：您曾说过一句话，"律师兴则国家兴"，而现在有不少人认为我国的律师的功力并非庭内辩论，而是在于庭外人脉，如何看待这种现象？

江平：律师现在是比较尴尬的，他们的作用往往并不是在法内，而是在法外，这是一个不正常的现象。对律师来说，他们既是维护法律的工作者，也是通过工作维持自己生活的劳动者，谋生和维护法律尊严这两个东西经常矛盾。

在我国，还有相当多律师在温饱线上挣扎，对他们来说，首先是维持生计，他们要争取案源，要为当事人利益着想，尽力工作才能有收入。这样的身份地位的差别，使得律师是一个弱势群体，他们和法官不同。我们要体谅律师，体谅他们工作的难处。

在任何国家，律师制度都是不可缺少的。这个职位没有别人能代替，也是一个国家民主法治的重要象征，没有律师制度等于没有民主和法治。从这个角度来说，我们很同情律师的遭遇，这样的地位和遭遇不是律师造成的，而是我们国家的法制不健全造成的。只有制度本身更加完善时，律师才能真正发挥法律制约方面的作用。

新浪网：对律师来说，最重要的职业操守是什么？

江平：律师的底线应该是忠实地为当事人服务。虽然律师应当维护当事人的权利，但很多律师是违背这个底线的，这是一个非常危险的现象。因为律师就是靠他对当事人的忠实服务来赢得声誉，否则便破坏了自己的生存基础。从这个意义上说，律师能否做到诚信为本，是其生存的基础。

现在各地律师协会也都设有纪律检查委员会，接受当事人的举报，对高收费、不履行职责、欺诈等行为做出调查。

新浪网：说到律师，我们知道有很多律师是从法院等政府机关出来的。事实上，目前我国法官流失情况比较严重，为什么会出现这种情况？您认为当前法官待遇是否偏低？

江平：在任何国家，法官都不能按照政府公务员的待遇来对待，《法官法》规定，法官不属于行政公务员这个行列。比如说，法官独立判案，不像公务员一样必须下级服从上级。法官应该比政府公务员的一般薪资高，因为法院是最终解决纠纷的场所，法官的知识含量也比较高，要做一个称职的法官，真正实现司法独立，让法官独立判案，他要付出更多的努力。

现在我国法官流失非常严重，法官们宁可离开法院，下海做律师，这说明他们的待遇确实比较低。我们现在有个比较奇特的现象，法官地位高但工资低，律师薪酬高但地位低。当法官的工资不足以养家糊口时，他们就会选择离开法官的岗位。我们现在也鼓励律师当法官，但解决这个矛盾最终还是要提升法官的待遇。

新浪网：现在的年轻人往往有一种焦虑的情绪。对于这个时代的年轻人，您有何感悟可以给他们？

江平：我经历了不同的时代，我个人认为，我们国家的法治是大有希望的，但中国的法治必定要走一段很长的道路，绝不可能是一帆风顺的。我们现在已经摆脱了过去建立在领袖崇拜上的错误路线，走向一个充满希望的时代。中国还需要进行更进一步的政治体制改革，虽然很困难，但我相信中国必然走上政治更加开明的道路。对中国的前途要充满信心，但也要看到中国走向政治民主化的道路上还会遇到各种困难，不能太乐观，要做好思想准备。

09　中国法治十年反思 *

改革开放30年以来，改革的目标有4个方面。我们从这4个方面谈谈过去10年法治领域的一些变化和问题。

一、人治与法治

邓小平同志最早提出来的法治的理念，就是从人治到法治。这是改变我们国家基本政治生活的一个非常重要的做法，如果能把以前中国社会那种完全人治的执政方式转变成完全依靠法律执政的方式，将是一个根本性的改变。如果从改革开放三十多年的角度重新思考，这个问题总体来说解决得不错。当初我们提出来的法治目标是"有法可依，有法必依，执法必严，违法必究"。

但是最近10年，我觉得在人治和法治问题上有些倒退。由于社会

　　*　本文根据作者2010年在《凤凰周刊》十年高峰论坛"现在与未来——中国时局展望"的发言整理。

治安问题比较多,中央提出"稳定压倒一切"。在这个背景下,我们就得思考改革、发展和稳定到底是什么关系。当然,不能说"改革压倒一切"。如果"改革压倒一切",造成社会秩序不稳定怎么办呢? 也很难说"发展压倒一切",一味求发展也会造成社会不稳定。

但是如果我们回过头来仔细想一想,是不是也要从多方面考虑"稳定压倒一切"呢? 这种说法一旦失控,就会诱发一个非常危险的思想,即"人治"。

现在各地都按照"稳定压倒一切"进行管理,由此造成权力滥用的情况,例如,好几个省都曾经发生过以维稳名义进行的跨省追捕,像河南的王帅案、山东的"被精神病"个案等,新闻报道都曾揭露,在这些案件中,维稳扩大化或者维稳过度给法治带来了伤害。在这些案件中,"稳定"是由掌握权力的人定义的,如果他们认定某种行为破坏"稳定",那么其他一切问题都被搁置,这是对法治最大的伤害。

我们要充分警惕这种潮流。

二、国家与社会

第二个问题涉及国家和社会。过去在计划经济体制下,国家的主导作用太大了,一切都由国家做主,社会很少有自治的力量,国家干预人民生活的一切领域,不仅干预经济、教育、社会保险、家庭婚姻,甚至干预生育子女等。在这种情况下,社会本身的职能消失殆尽。

由于意识到这种问题的危险,不解决好国家和社会的关系,改革就不能取得成就,所以在过去30年里,我们可以看到,改革偏重于大社会、小政府这个领域。我记得当初海南省政府成立的时候,他们提出了一个口号,叫作"大社会、小政府",社会的权利大一些,政府的权力小一些。但是没过多久这个想法就失败了，低一级的政府在组织、功能这些环节上不能和高一级政府脱节，所以最后仍然是中央设置哪些政府机关，海南地方就设置相应的机关，海南的改革实验显然没有达到预期目的。

扩大社会权利，重要的是解决企业的权利。企业是社会的细胞，世界各国都实行企业自治，企业应该有自主的权利。应该说，经过30年来的努力，我们在这方面取得了很大的进步，国有企业改成股份制，真正实现了企业的自治，相应的政府机构的主管部门也都做了精简甚至直接取消，只保留了维持社会秩序方面的功能，所以说，这一点上的进步是相当大的。

但是最近一些年我们也感到一些担忧，这个担忧是什么呢？就是国家功能又在加强。体现在哪些方面呢？首先体现在国家对经济的调控。政府明确对外声称，在应对经济危机时，国家起了很大的作用。其中蕴含了这样的意思：我们认为我们之所以能够更快更好地解决经济危机带来的问题，是因为我们有一个重要的法宝，就是国家掌握了权力，可以直接干预经济。然而这背后也潜藏着一个危机，国家和社会已经逐渐改善的关系，重新面临着倒退的危险。

在经济调整方面，要解决金融危机造成的困难，当然要对经济结构进行调整。国务院通过了10个有关行业结构调整的意见，就是"保大弃小"。这个思想究竟对不对？我认为，动用国家权力重新组织、调整经济结构，这是完全有必要的。但这样做的结果，必然对民营企业造成巨大的伤害，因为民营企业不可能在很短的时间内发展壮大，技术也不是最先进的，规模、安全保障等主要还是国有企业占优势。如果过分强调重组，例如山西煤矿的重组，实际上是对民营企业的较大冲击。因此我的担心就是，随着金融危机的出现，为了解决危机造成的困难而过度强调国家的作用，我们将重新陷入国家权力越来越大的危险状况。

三、公权与私权

第三个方面，改革开放30年来，我们的法治理念所追求的一个目标就是怎样解决公权和私权的关系。中国几千年历史向来重视公权，忽视私权。中国的社会始终都是公权至上，在这种情况下，私权就被压得很低。

不仅私人企业如此，其他私人财产、私人权利，再扩大到人权的问题，也是这样。过去对于私权的压制应该说是很严重的。改革开放以来，我们在这个问题上做了一些调整，建立市场经济的法律，加强对私人财产的保护，以及最近《物权法》的通过，都大大提高了人民的私权意识。

从现在的社会矛盾可以看出来问题究竟在哪里。当前社会的主要矛盾在于私权和公权的矛盾。如果私权被私权侵犯，老百姓到法院起诉，只要得到公正的判决，私权还能够得到保护。但是如果私权被公权侵犯，而公权又非常强大，那危险就很大了。拆迁问题、校园撞车问题，反映出公权压倒一切的想法在一些人的思想里面是根深蒂固的。

所以，解决私权与公权冲突的问题，是解决当前社会矛盾的关键所在。如果我们不处理好这个问题，那是很危险的。公权对私权的侵犯是很普遍的，而且也缺乏法律上的明确限制。

私权的滥用也仍然存在。《物权法》提到不能滥用私权，这和不能滥用公权是一样的。现在有些人坚持，私权受到侵犯，理应得到至高无上的保护，一切都是私权有理。什么叫私权的滥用，什么叫公权的滥用，公权的滥用表现在哪里？私权的滥用表现在哪里？这些都没有非常明确的规定。

四、法制与法治

第四个问题就是法制和法治的关系。在我们的法治理念里面，最后提出来的就是从法制到法治，从"刀"制到"水"治，应该说这是一个很高的升华。如果我们在宪法里面提出依法治国，提出了"法治"的理念，那么就等于把法律从制度提升为理念，而这个理念就是善治。

为什么这么说呢？因为法律作为制度，它本身是有好有坏的，人民政权制定的法律并不都是好的。过去我们说，人民政权制定的法律都是好的，并不尽然。法律制度作为一种制度，有好也有坏，区别在于它是不是给予人民更多的自由、更多的人权、更多的民主，而且还要看它是不是违反了社会发展的规律，或者说，是不是阻碍了社会发展。

举例来说，修改之前的《公司法》的一些规定显然已经阻碍了社会发展。如果我们承认法律有好有坏，有善法有恶法，马上就要回答一个问题：恶法是不是法，要不要执行？法官知道是恶法怎么办？执行还是不执行？如何界定恶法？这样一系列的问题有待思考。

因此，如果没有对法律理念的追求，没有法律理念的思维，那法律就是危险的，法律制度也可能错杀人，法律制度也可能违背历史前进的方向，比如，希特勒制定过屠杀犹太人的法律。所以我们应该有区分善法与恶法的意识。

那么法律的理念应该是什么呢？法律的理念就是平等、正义、自由、人权等。在这些问题上，我们应该有一个明确的目标。制定的法律既有中国的特色，又有普世性的原则；如果我们只讲普世性的原则，看不到中国的特色，是不对的。同样，只看到中国的特色，看不到普适性的原则，也是错误的。

总的来说，这些年我国的法治建设面临危机，有前进，也有倒退，可以说是进两步、退一步。所以我对中国法治的前景还是抱乐观态度的。但是不能排除在一段时间之内，在一定的政策引导下，法治建设出现倒退的情况。这一点希望能被更好地关注。

第二辑

法治进程中的司法改革

01 司法改革与中国未来[*]

我认为法治的核心问题是两个权：权利、权力。权利是私权利，而权力是公权力。改革的方向应当是什么？我觉得既然讲改革，当然是不断扩大私权，不断约束公权。如果背离了这个原则，公权力不断扩大，私权利越来越缩小，怎么能叫改革呢？所以从这点来说，改革的目标应该是非常明确的。

党的十八届三中全会《中共中央关于全面深化改革若干重大问题的决定》（以下简称《决定》）里专门提到"法治中国"，我想这里面包含了5个方面：

第一，树立宪法和法律的权威。这一部分核心的问题是，现在怎么样来树立宪法和法律的权威？很关键的一条是必须要落实宪法，也就是宪法在人民的心目中应该是非常重要的，但目前并没有落到实处，实际在人民心目中并没有把宪法放在那么高的地位。

怎样落实？从两方面来落实，一是真正在生活中使人们能够感受到宪法的权威。可是严格地讲，我们的社会里，党的权威大大高于宪

---

* 本文根据作者在2013年11月27日腾讯网十周年"中国说"思享会上的主题演讲整理。

法的权威。所以在这个意义上，党的十八届三中全会的决议很重要，因为人民心目中缺乏一种宪法至高无上的权威。一个会议的文件如此重要，恰好说明我们离法治社会还有些距离。

其实，扩大人民的权利也好，对政府的权力进行限制也好，都是以宪法作为准则。虽然邓小平同志在30多年前就提到党政要分开，但我们现在还没有很好地做到党政分开。树立宪法权威还有一个很重要的方面，就是《决定》里所讲的，对于那些违反宪法的行为必须予以制裁，也就是说我们必须建立违宪审查制度，这个审查制度现在还没有。

虽然我们有一个违宪审查程序，按现在的程序，如果有人提出违宪审查，首先交给全国人大管辖下的一个局级单位，由他们来判断，如果确实构成违宪，就提交给全国人大常委会来表决。但到现在为止，我们没有真正的违宪审查制度，再加上现在法院还有一项规定：法院的判决不能够以宪法为依据。既然不能够以宪法为依据，怎么审查？违宪审查依据什么？所以在这个问题上我们也很缺乏一个违宪审查制度。

十八届三中全会《决定》里涉及法治建设的第二个问题是依法行使行政权力。公权力里行政执法权是最厉害的，而这个问题的关键就是我们所提的把权力关进笼子里。如果我们能够把权力关进笼子里，人民就比较满意。我想在这个问题上，关键是把过分庞大的政府，权威过大、过重的政府变成有限政府，把它的权力限制起来。

尤其我们这次提出"市场应该起决定性作用"，既然市场在资源配置等方面起到"决定性"的作用，那么政府的作用就要相对减少。所以在这点上，要大大削减政府过多、过重、不该有的干预。在这点上可以看出，我们已经朝着这个方向努力，过去也有一些成就，但要看到过去做得并不是很理想。

大家可能记得在《行政许可法》里，当时做报告的法制办主任说过一句话，凡是市场能决定的尽量由市场自己决定，市场不能决定的尽量由社会组织来决定。如果市场主体和社会组织都无法解决，政府才来许可，才来批准。这是一个很好的决定，一个很有前瞻性的决定，但我们可以看到，实际上的做法并不是这样，政府仍然在许多方面限制了许可和批准制度，因为它有自己切身的利益，所以不解决好政府在资源分配、市场准入方面的切身利益问题，要让它减少自己的功能很困难。

我觉得依法行政、解决政府职能的第二个重要方面是透明化。透明化是监督政府的一个很有效的手段，只有透明化，老百姓才能监督，再加上其他监督实施的制度，我们就可以很好地限制政府的权力。从过去已经实施的情况来看，政府在这些方面建立了发言人制度，建立了公开制度。应该说，政府限制权力的措施，方向很准确，很有希望。

第三个问题是要健全司法权力的行使制度，也就是司法改革。司法改革的核心是公正判决。公正判决既是对公权力的正确行使，又是一个保护老百姓民事权利的重要措施。在这个问题上，我觉得现在和过去相比有很大的改变。过去曾经说过，在法院的审判工作方面，在司法体制方面，我们是倒退的，有的地方甚至是大步倒退。但现在看起来，方向纠正了，我们在前进，这是一个可喜的现象。

政法委在十八大后作用大大降低，这是一个很好的现象。这次司法改革里也提到审判权的独立，独立行使审判权和检察权，这很重要。我们在这方面提出了去地方化、去行政化的手段。

去地方化、去行政化是法院改革里至关重要的一条内容，如果人权、事权、财权都由县以上地方各级的政法委或者有关部门掌握，就没有办法脱离它的干预。

只有把人权、财权、事权收到省一级，才能改革。原来有过一个建议，让地方法院脱离地方政法委的控制。现在也是这样，只要让地方法院的人权、财权、事权脱离地方就可以了。所以，从多个方面来看，我对于现在的司法体制的改革抱有很大希望，而且认为方向是很正确的。

第四个问题涉及人权保障。要完善人权保障，其中很重要的一条是劳教制度的废除。劳教制度本来就应该废除，这次废除是顺理成章的，因为这样一种制度完全是由行政部门、公安部门来剥夺一个人3—4年的自由。而且从程序来说也没有合法依据，凡是剥夺和限制人民权利的行动，应该由法院来做。所以从这点来说，废除劳教制度很好。但解决了劳教制度是否等于解决了全部问题？这需要看后面的情况，是否有一种变相的劳动教养制度出现？也有可能，所以，这需要我们拭目以待。

《决定》里面还提到了禁止刑讯逼供，而且把刑讯逼供的各种定义、内容也说了。把刑讯逼供排除在合法证据的范围之外，而且规定了任何非法取得的证据都不能定罪。我认为这个非常重要，因为这个内容表示在法院里应当是以"无罪推定"作为判刑的依据，不能以"有罪推定"的方式来做。"有罪推定"在中国法院里影响很深，因为过去我们长期以来都是"有罪推定"。

自从最高法院常务副院长沈德咏发表文章说法院"宁可错放，也不能错判"，这就标志着我们的制度改变了。"宁可错放，不能错判、错杀"，这和长期拘留不同。从这方面来看，人权保障——包括户籍制度、人口制度等的保障，是在逐渐增多的。人民的权利、人民的自由，也比以前越来越多。

最后，我想谈谈民主政治。十八届三中全会《决定》把民主政治放在政治体制改革里，没有把它放在法治建设这部分里。按道理来说，政治体制改革和法治建设的内容很难区分，当然也可以说民主政治是一种政治体制改革，民主是一种权利。我觉得在民主政治制度这一方面，或者在政治体制改革方面，《决定》的亮点不多。

为什么说亮点不多？因为我觉得民主政治里面最核心的问题是民

主选举的问题，民主选举是民主政治里面最核心的问题，而涉及民主选举方面，没有多大的改变。我们在基层选举里还可以体现一点，但往上就不行了。

或者说各级人民代表都由各级党政机关来确定，所以如果不解决根本的问题，不给人民更多的民主参政权利，由自己的意志来选举自己所喜欢的人大代表，这就缺乏建立真正的民主政治的基础。所以对于我国现在的法治建设总的判断是：有不满意的地方，也有很赞赏的地方。这是我的看法，谢谢大家！

02 从党的十八届三中全会看司法改革的亮点[*]

中国共产党十八届三中全会的《决定》，可以说是这一届领导人的施政报告。这个施政报告在政治改革方面的亮点并不太多，相对来说司法改革的亮点比较多。政治体制改革、法治国家和司法改革三者之间有密切的联系：政治体制改革很重要的内容是法治建设，法治建设中起关键作用的则是司法改革。所以说，虽然政治体制改革亮点不多，但司法改革的亮点多了，对于政治体制未来的发展还是可以抱着谨慎乐观的希望。

从这次三中全会来看，司法改革有如下几个方面的亮点。

一、强调宪法法律的权威

可以说，这个强调把压在司法改革头上的帽子挪开了。因为审判权只属于法院，法院只应以服从宪法和法律作为它的目标。过去提"三个至上"，很容易为政法委员会干涉司法审判权提供借口。现在改成宪法和法律权威至上，非常重要。

---

　*　本文根据作者在《财经》年会"2014：预测与战略"上的发言整理。

至于劳动教养制度，从实体内容来看，这是一个侵犯人权的措施；从程序来看，《立法法》也规定了凡是限制、剥夺人民权利的法律应当由人民代表大会通过，而不是由国务院制定。从这个意义上来说，废除劳动教养制度完全是应该的。

二、强调独立行使审判权、检察权

明确提出审判独立。独立行使审判权有两个方面的障碍，一个来自地方，一个来自中央。从现实情况来看，更突出、更危险的是来自地方的干预。三中全会《决定》特别提到推动省以下地方法院人、财、物的统一管理。地方法院不能独立行使审判权，一个很重要的原因是人事权不在它手里，也不在上级法院手里，而是在地方党委、政府手里。人权和财权被控制，不会有独立可言。这是解决司法独立非常重要的一个内容。

文件还提出探索建立与行政区划适当分离的司法管制制度。长期以来，各级法院和地方的行政体制、行政建制完全一致，这很容易造成行政控制、干预司法。提出"适当的分离"说明要采取一个逐渐脱离行政干预的司法制度。

这两方面一个是比较浅层次的司法体制的改革，另一个是比较深层次的司法体制改革，对中国将来司法体制的变革有深远的意义。

三、强调法院应当去行政化

健全司法权力运行的体制很重要，这与司法权是否独立、司法权的运行是否科学有密切的关系。司法权的运行主要在主审法官。作为公务员的法院法官和政府部门的公务员有着本质的区别：政府公务员是下级服从上级，法院没有下级服从上级一说，法官就是按法律来办事，以事实为依据，以法律为判案准绳，但现实中，下级服从上级这种制度对法院的影响非常深。打破这种行政化的概念，就要改变这种行政化的体制，打破"法官服从主审法官，主审法官服从庭长，庭长服从主管院长，主管副院长又服从院长"的制度。

无论是三中全会《决定》也好，还是最高法院的判决也好，去行政化是非常重要的一个内容。法官权力应该把审和判完全结合起来，不能将审和判分离。

四、强调司法的透明度

建立一个公开透明的司法是司法公正的重要前提。大家都看到了薄熙来案公开审理的效果。不仅应该公开裁判文书，司法权力的运行、运用，包括案件经过庭长、主管副院长、审判委员会乃至院长的过程都应该公开，使司法能够透明。只有司法公开才可以防止暗箱操作，只有公开才能够彻底防止错案的发生。

五、强调司法廉洁

《决定》对反腐倡廉做了专门规定。法官的腐败和社会的腐败相关联，从上海市高级法院法官的嫖娼案可以看到这个危险。法院系统也专门提出了一些具体的关于法官如何能够保持清廉的措施。

这些问题都是政治体制改革里涉及司法改革的重要问题，这个改革的方向是正确的，也和世界的潮流一致。我觉得按照这个目标坚定不移地改下去，中国的司法是光明的、有前途的。

03 法治进程中的司法改革*

改革开放以来，司法改革走过了一段漫长曲折的道路，回过头一看，有前进，但更多的是曲折，甚至许多改革最后又回到了原点，令人感到是在倒退。司法改革争议极大，问题在于司法改革的指导思想究竟是什么？

总体而言，中国司法改革有两条不同的路线。一条可称为趋同路线，就是与世界各国司法理论与实践基本趋向一致的改革。另一条可称为趋异路线，就是强调中国与世界各国司法理论与实践应保持距离，强调有中国特色的改革。由此而产生的具体改革措施就有明显的不同。

一、审判员还是公务员？

司法领域的审判员虽然也享有国家赋予的权力，即司法权，但它

---

* 原载《炎黄春秋》2012年第12期，原题为《司法改革应向世界主流看齐》，本文有删节。

和享有行政权的国家公务员不同，法官是独立的，而政府官员是上下服从的关系，这一点也是世界各国司法改革的共同趋势，作为司法公正不可缺少的前提被普遍接受。我们国家在接受这个原则时就有所保留，我们的宪法只接受"人民法院独立行使审判权"，而不提"法官独立行使审判权"。所以我们的法院衙门作风一直很严重，法院和政府部门保持一致，老百姓对此怨声载道。法官要对审判长负责，审判长要对庭长负责，庭长要对院长负责，重大事件还要经审判委员会讨论通过，连工资待遇也是按国家公务员待遇一体执行。许多法院在遇到难以解决的案件时，往往是"请示上级"，即向上级法院请示如何处理，通常就以"上级批复"作为案件的处理依据。殊不知这种"请示上级"的做法在政府部门的行政权上是合法的，而在审判部门的司法权上却是非法的。因为这种请示实际上把当事人享有的二审上诉的权利化为乌有。我们可以说中国的法官水平不高，腐败现象不时发生，保留一定的行政体制可以理解，但是现今的司法改革不仅没有触动这种行政体制、行政作风，反而在加剧，这在很大程度上影响了真正有所作为的法官的积极性和能动性。

二、法律精英还是社会工作者？

世界各国司法改革的趋势走向精英化。为什么要提倡法官走向精英化呢？因为法律越来越多，越来越复杂，不具有专门的知识结构，很难精确地理解法律的精神。因此法官必须是特别精通法律的精英人才。只有这样的精英，才能确保法院判决的高度公正性。而我们的司法改革却反其道而行之，不是强调法官的精英化，而是强调法官应当是社会矛盾的解决者。这等于说，不从司法公正的源头去解决判决的公正性问题，而从司法公正的末尾去解决上访等一系列综合治理的社会现实矛盾。我们的司法改革甚至要求法官对审判的全程负责，不仅对审判判决的生效负责，也对生效后的当事人活动负责。如果当事人对生效判决不服，上访或进行更激烈的社会对抗行为，法官都有责任负责到底。这大大增加了法官的工作负担，法官不得不担任社会综合治理中社会工作者的任务，而没有时间进行业务钻研、深造。我们都承认现今中国的一些法官素质不高，判决书写得粗糙，理解法律不够精深，甚至违背法律，逻辑性不强。其中很大一个原因就是法官"不务正业"，法官的社会活动太多，强加给他们的负担太重。我们只有把法官从繁杂的社会活动、社会负担中解脱出来，才能真正提高他们的业务水平。

三、调解是手段还是目的？

世界各国司法改革很重要的一个趋势是在民事审判工作中越来越重视调解，但重视调解是把调解看作解决民事纠纷的一种手段，而不是一种目的。如果在民事审判工作中规定必须达到多少比例的调解，那就把调解当成一种目的，而不是手段了。我国在审理民事案件时，对于如何看待调解的问题争论始终很大。中国特色论者认为调解最具有中国特色，应该特别突出调解的作用；反对者认为过分突出调解的作用就会变成"和稀泥"，变成对一方当事人权利的压迫，这是不符合司法公正精神的。由此带来的还有民事审判方式的正规化的问题。中国特色论者认为中国革命时期的"马锡五审判方式"最具有中国特色，审判员深入民间，在田野地头就可以开庭，突显了政权接近民众的本色。反对者认为革命时期的审判方式不正规，法庭应当有尊严，审判员应当正式着装，应当有正规的庭审制度。这一切又都反映了更深层次的问题，那就是法官在庭审中的地位问题。中国特色论者认为法官应当起着更加积极的作用，当当事人一方处于弱势地位时，法官应当站在弱势群体一方，为他们调整取证。反对者认为法官在庭审中的作用应当更趋于消极，如果法官积极介入一方的利益，就会先入为主，失去了公正审判的基础。世界各国法院的审判理论和实践都认为法官应当扮演被动的角色，而不是主动的角色。审判庭应当充分调动原告、被告双方的积极性，在他们提供的证据基础上判断是非。

从以上三个方面的分析可以看出，在司法改革的走向上，不仅广大人民群众看法不一，专家学者看法不一，司法战线工作者看法不一，领导人之间看法也是不一样的。既然我们把它叫作"司法改革"，就应当符合"改革"的真意，改革的基本方向应当是和世界的主流保持一致，否则，虽然名为"改革"，实为倒退！

04　寻找公权私权平衡点[*]

一、只有程序正确，才能够目标正确

财新《中国改革》：近年来，民营企业家财产及人身权利被侵犯的事件屡有发生。在这些案件背后，出现了一种现象，即有的地方政府以"专案组"的形式，组织公检法联合办案，先以"涉黑"的名义将企业家投入牢狱，然后没收其企业及个人合法财产。

江平：当前，无偿没收犯罪民营企业家全部财产的现象，绝不是个别现象。首先应该明确的是，判定民营企业家犯罪的依据究竟是什么？

20世纪80年代末，曾经发生过一起轰动全国的戴晓忠案。当时，东北企业家戴晓忠因转让个人技术发明，被杭州市检察院批捕并提起公诉，罪名是科技投机倒把罪，个人财产也被没收。经过律师们的辩护，戴晓忠最终被无罪释放。后来，此案推动国家科学技术委员会出台了规范科技人员技术转让的规章。这起案件向我们提出了一个问题：

---

　　* 原载《中国改革》2012年第8期，本文有所改动。

用计划经济时代的做法应对市场需求是否适宜？

　　"投机倒把"一词产生于20世纪七八十年代。1979年7月1日开始实施的《刑法》笼统规定了投机倒把罪。现在看来，"投机倒把"指的是把特别紧急需要的物资从过剩的地方运到需要的地方，物尽其用，自然有人从中致富。从这个意义上说，"投机倒把"是不能构成犯罪的。但在当时，"投机倒把"是一个很严重的罪名，而且被滥用，成为判定多种犯罪行为的依据。

　　现在，投机倒把罪这个罪名没有了，但是类似的情况仍然出现。比如吴英案。我并不认为吴英在民间借贷以及类似问题上完全没有犯罪行为。按照现行法律规定，非法集资、非法吸收存款是构成犯罪的。但是，如果用市场的眼光来看待这些问题，结论就有所不同。现在，一部分地方或者一些人的资金很多，但没办法贷出去，另一方面，又有一些人很需要钱，但在现行的合法渠道中贷不到款。在这种情况下，如何能够做到钱尽其用，值得关注和探索。

　　吴英终审改判死刑缓期两年执行，从中能够看出中央也在研究这个问题。可以说，现在的一些法律、法规已经落后于市场经济的发展，再依据这些法律、法规来判决，已经不合时宜了。需要指出，曾经有一个口号：要让那些犯法的民营企业家人财两空。这个提法有一定的道理，就是不能只判刑，而仍然保留他非法获得的财产。但是现在看来，是否剥夺财产还应该考虑获取财产的手段是否非法。如果确实是通过犯罪手段获取的财产，当然要将其充公；如果不是直接犯罪所得，就不能予以侵占、没收，这是一个很重要的法律原则——只有犯罪所得的财产才可以充公。

　　第三，要将自然人犯罪和公司犯罪区别开来。如果是公司犯罪，就没收公司的财产；如果是民营企业家个人犯罪，就没收其个人财产。就是说，要将民营企业家个人的财产和公司的财产分清。公司是公司，股东是股东，不能因为股东个人犯罪而牵连公司，也不能因为犯罪者是最大的股东，或者是唯一的股东，就剥夺公司的财产。那种由于股东犯罪就没收整个公司财产的做法，是十分错误的。

财新《中国改革》： 黑社会对社会秩序构成严重危害，因此涉案"黑社会"的民营企业家获刑乃至财产被没收，似乎就有了某种合法性、合理性。

江平： 这些问题之间都是有联系的。对待在"打黑"过程中涉案的企业家及其财产，需要考虑以下三个问题。

第一，这个企业家究竟有没有参加或领导"黑社会"？现行法律对"黑社会"的界定范围很广。按照《刑法》第二百九十四条的规定，"黑社会性质的组织"一般应具备以下特征：（一）组织结构比较紧密，人数较多，有比较明确的组织者、领导者，骨干成员基本固定，有较为严格的组织纪律；（二）通过违法犯罪活动或者其他手段获取经济利益，具有一定的经济实力；（三）通过贿赂、威胁等手段，引诱、逼迫国家工作人员参加黑社会性质的组织活动，或者为其提供非法保护；（四）在一定区域或者行业范围内，以暴力、威胁、滋扰等手段，大肆进行敲诈勒索、欺行霸市、聚众斗殴、寻衅滋事、故意伤害等违法犯罪活动，严重破坏经济、社会生活秩序。

严格来说，"黑社会"应该有一个比较窄的定义，不能笼统地把欺行霸市看成"黑社会"。对于那些违反《反垄断法》《反不正当竞争法》的行为，不能统统归结为"黑社会"行为。

现在，有些地方把"打黑"扩大化，或者说在打击"黑社会"的一系列举动中，有一些属于"运动式打黑"，有人把它叫作"黑打"。"黑打"也好，"运动式打黑"也好，很重要的一点就是把它当作一个解决社会治安问题、维护社会稳定的紧急措施或政治任务。这样，"打黑"往往就要在一定时间内达到一定目标，于是，在短短的一两年里抓出上百个"黑社会"组织、上千名"黑社会"分子，这个过程就表现得很粗糙，不注意证据，不注意刑事诉讼程序，甚至出现刑讯逼供等现象。

第二，必须客观分析涉案企业家的财产中，哪些是"黑社会"行为所得，哪些是正常经营所得。现在对这一点往往不够重视。

第三，不能因为企业家个人是"黑社会"分子，就把公司的全部财产充公。这种行为是十分错误的。绝不能因为打击"黑社会"而使社会正常的经济活动受到严重妨碍。现在，往往打击一个"黑社会"组织，就造成社会经济活动不能正常运行。

造成上述问题的一个重要原因在于，相关法律并没有对没收财产规定严格的执行程序。所以，在《民事诉讼法》修改过程中，有人建议制定一部民事执行法。（要）有严格的财产没收执行程序，绝对不能再粗线条地立案、审判、执法，说充公就没收，变成国有资产。拍卖也应有一个合理、合法的拍卖程序，科学评估犯罪人的财产。

过去的立法强调原则和目标，忽视程序，即使有程序也不是很细。西方国家特别注意程序法。如果没有程序就谈不上公正，只有程序正确，才能够目标正确。我们过去只要目标正确，程序无所谓。这种思维和行为方式一定要改过来。如果办案的程序、办案的手段都违法，还谈什么目标合法？

所以，如何健全我国的民事执行法是一个刻不容缓的课题。

二、独立行使审判权、检察权

财新《中国改革》: 按照 1990 年中发 6 号文件《维护社会稳定、加强政法工作》的规定，无论是行政执法机关还是政法部门办理的案件，凡是构成犯罪、依法需要追究刑事责任的，都应当依法向人民法院起诉，连同赃款赃物移送人民法院，由法院审判。但是，很多地方在办理案件过程中，在侦查环节就由政府的专案组、监管组、维稳办强行转让民企股权，扣押、拍卖私企和个人的财产，强行处理银行存款。

江平：在我们国家，公检法联合办案曾经是长期存在的。改革开放以后，我们批判了这种做法，联合办案等于否认了公检法的相互制约。既然是联合办案，法院就得依照公安部门的意见审理，这是联合办案的一个很大缺陷。正确的做法应该是相互监督。所以，1990年的司法解释里就提到在刑事案件中，对财产的没收都要由法院来处理。

但是，实践中有的地方并不严格遵照这一规定，公安机关在侦查阶段就把财产没收了。这就带来很多问题。我们知道，办案是需要费用的，现在公安机关有这么多案子要办，往往要靠没收犯罪嫌疑人的财产来充当办案经费。虽然国家规定收支两条线，实际上，财政往往把没收来的一部分财产返还公安机关，公安机关在办案过程中有利可图才愿意办案，无利可图就不愿意办案，法院最后也认可了这种模式。这就造成在处理财产的问题上公安部门权力太大，也是造成现在侵犯民营企业家财产权利的一个重要因素。

财新《中国改革》：法院似乎"胳膊拧不过大腿"。一些地方政府在案件尚未判决之前，就先期拍卖犯罪嫌疑人的财产。但是，有时企业家最后被判无罪，如湖北天发的龚家龙，要恢复已被处置的财产就非常困难了。

江平：出现这些现象的根本原因，就是中国司法没有独立，没有权威。我国的司法体制改革进展缓慢，特别是最近几年，基本上不提司法独立了，只提司法公正，这是一个值得注意的倾向。我国宪法中有一个重要原则：司法独立。没有司法独立，就没有司法公正。

另外，我们也很少关注如何真正增强司法权威的问题。法院确实有腐败现象，有判错案的现象，但是，解决这个问题并不是通过削弱司法权威，而是通过加强司法权威。

如果作为社会公正底线的司法都没有权威了，一个国家、一个社会还能建立起什么真正的权威呢？

财新《中国改革》：关于司法独立，中共十七大报告提出，"保证审判机关、检察机关依法独立公正地行使审判权、检察权"，"各级党组织和全体党员要自觉在宪法和法律范围内活动，带头维护宪法和法律的权威。"有些人士认为，在当下中国，独立后的司法照样问题重重，同样会出现滥用司法权力的现象。这似乎成了一个"死胡同"，难以走出来。

江平：解决这些问题，最后还是要通过政治体制改革。其中的核心问题就是要解决党委与法院的关系。

现在公开讲，法院应该在党委的领导下开展工作，实践中往往就变成法院要听政法委的。在这种情况下，如何确保司法的独立和司法的权威呢？解决这个问题，还是应当严格遵守宪法确立的司法独立的原则。

中国现在迫切需要推进政治体制改革，理顺政治体制中的一些矛盾现象。往往一个法院的判决执行不了，常常是因为担心执行会影响社会稳定。如果我们不确立法治是最高原则，而把稳定确定为最高原则，就变成公安局决定一切。这是本末倒置的，社会关系就被搞乱了。

财新《中国改革》：最近，最高人民法院前院长出版了一本书，很受关注，书中提到了他任上所做的一些尝试，比如宪法司法化，在上海尝试建立行政法庭等。

江平：我认为，肖扬担任最高人民法院院长时期实施的一些方针，所代表的方向是值得肯定的。

三、开展违宪审查，落实宪法监督

财新《中国改革》： 在各地不断发生的强拆、"打黑"等事件背后，都有一个共同的逻辑，那就是为了经济发展，为了维护社会秩序。您怎么看这个问题？

江平： 我们往往在一个很伟大的目标下不顾细节。以往，我们也经常遇到这一现象。思想家顾准早已把问题说得很清楚了：不能用一些非法的手段、错误的办法去实施一个很伟大、很美好的目标。

在我看来，处理公权和私权之间的关系有一个原则，即公权不能滥用，私权也不能滥用。公权滥用，会造成私权得不到保障。私权滥用也不行，比如拆迁问题里不考虑公共利益怎么行呢？

中国的现实是私权受到公权侵犯的情况更多。在这种情况下，法律要更多地保护私权，特别是要防止私权受到公权的侵犯。因为如果私权受侵犯，在其他任何一个国家都可能很好地得到解决，法院秉公执法就可以了。但是在中国，公权太强大了，私权相对弱小。过去，中国没有《行政诉讼法》的时候，私权受到公权侵犯时，一点保障都没有。《行政诉讼法》颁布实施之后，民可以告官，私权就多了一个保护手段。

民告官的前提必须是"告"官方的具体行政行为。什么是具体行政行为？就是单独针对个人采取的行政行为。如果该行政行为针对的不是特定对象，而是抽象行政行为，民就不能"告"了，这就是问题所在。现实中经常发生老百姓控告政府拆迁不合法的事情，是因为政府给的补偿太少。但是政府提出，有关拆迁的决定是政府统一规定的，对所有老百姓都是一样的，这是抽象行政行为，不能告。

这个问题必须解决。修改《行政诉讼法》很重要，要把法院的受案范围从"具体行政行为"上升到"抽象行政行为"，使得法院有权撤销相关的行政行为。

财新《中国改革》：中国现在经济方面的立法很多，而宪法规定的各项公民权利，还缺少具体的法律保障。面对像暴力拆迁等侵犯公民权利的事件，法律却无能为力。

江平：总体上可以这么说，中国特色的社会主义法律体系已经宣告形成了。但是，的确如人们普遍认识到的，目前的一大缺陷就是保护公民政治权利方面的法律还不完善。也就是说，与宪法相配套的立法工作还没有完成，比如宪法规定的言论自由、出版自由、新闻自由、结社自由等，都还没有制定出相应的法律。

结果就出现了两种奇怪的现象：一方面法院不能根据宪法判案，另一方面，由于宪法所规定的那些原则还没有制定为法律，法院"无法可依"，如果有关机构侵犯了宪法确定的公民权利，也无从去告。这是一个很大的问题。

财新《中国改革》：2006年，最高人民法院曾经就山东省一起因冒名顶替上学引发诉讼的法律适用问题做出批复，认为有关法院在审理这一案件时可以直接引用宪法的相关条款。宪法诉讼迈出了第一步。您当时提出，要进行真正意义上的宪法诉讼，还必须扩大对这个批复的解释。请您介绍一下这方面的进展。

江平：早在1986年，时任全国人大常委会委员长的彭真就提出了人大监督的课题。中国自此开始动议制定《监督法》，这部法律实际上涉及宪法监督的根本问题。当时，宪法监督的模式有几种方案，其中一个方案就是设立宪法法院或者宪法委员会，专门审查违宪案件。这在当时认为是最可行的，即至少在人大常委会下面设立一个独立的宪法委员会。但是，这个方案经过多次讨论后，最后就无声无息了。

在2006年颁布的《中华人民共和国各级人民代表大会常务委员会监督法》中，不仅没有设立宪法法院，连宪法委员会也没有设立，而是将对违宪案件的监督权交由全国人民代表大会下面的一个司局级机构。这个机构认为涉及违宪的案件，再提交给全国人民代表大会常务委员会来讨论，如果常委会讨论后认为构成违宪，再来看下一步怎么办。现在，还没有一起被看作是违宪的案件，这是个很大的问题。

就我所知，曾经有过一项关于违宪审查案件的提案。

2003年，围绕着孙志刚案，三位法学博士向全国人大常委会递交建议书，建议对《城市流浪乞讨人员收容遣送办法》展开违宪审查。据说，是全国人大和国务院商议，由国务院自己把收容审查制度废除了。

针对这一问题，我在2004年中共中央修宪小组专家座谈会上发言时提出，现在大家都承认有不少违宪的情况发生，大家也都认为宪法实施中最大的问题不在于宪法规定内容应该扩大多少，而是在于现有的权利受到侵犯后，违宪的问题无法得到纠正。

我的建议是，当前至少应在全国人大内设立宪法委员会，在将来条件具备时，从全国人大的监督改为法院的监督，即设立宪法法院。按理说，宪法是中国最高的法律，是全国人民都要遵守的，修宪老百姓也都应该知道和参与。

四、法治清明，前提是政治清明

财新《中国改革》：今年（2012年）要召开中共十八大，人们普遍希望在一些重大问题上能够取得突破，对此，您的期望是什么？

江平：我期望中共十八大做出关于政治体制改革的决定。

法治离不开政治，一个国家的法治能够兴旺，就必须理顺政治关系和党政职能。政治关系和党政职能没有理顺，法治是没有前途的。我们希望法治清明，前提是政治必须清明。我们希望法治完善，前提是政治要改革，政治体制要理顺。政治体制改革的核心在于党政职能要明确划分，不能以党代政、以党代法。

江西南昌曾经发生过一件事：当地老百姓要告南昌某党委，认为党委做的一个决定违法，但是法院不受理。当地老百姓就给我写信，问为什么法院不受理。我说，这个问题说简单也简单，说复杂也复杂。说简单，是因为《行政诉讼法》规定了只能告政府，不能告党委。另一方面，这个问题又很复杂，因为有些政府的权力是由党委来行使的，不告党委该怎么办？

按理说，党委书记、党的机关不应当行使政府部门的行政权力，可是它不仅行使了，而且行使的还是决定权。但是，名义上又要让政府部门来承担相应的责任。我觉得，十八大非常重要的一个工作，应当是推动政治体制改革。否则，就会如同温家宝同志在今年（2012年）"两会"记者招待会上所讲的，没有政治体制改革，经济体制改革不可能成功，已经取得的成果也有失去的危险。

05　中国法治面临的困境与突破 *
——对中国法治建设几个问题的思考

一、自由和秩序是法治建设的主题

在我看来，自由和秩序是中国法治建设的一个永恒主题。为什么这么说呢？因为我们知道，无论对于一个社会，还是对于一个市场来说，法治建设的目标就是要解决自由和秩序的问题。

自由是一个社会发展的动力，同样，如果我们的市场经济没有自由的话，就会失去前进的动力。记得我第一次到德国，了解到德国有一部《反卡特尔法》(《反对限制竞争法》)，当时觉得很奇怪，因为马列主义有一个很重要的理论，即帝国主义是垄断资本主义。帝国主义为什么不保护垄断，却要反垄断呢？我的德国同行说："道理很简单，西方的市场经济，核心的动力就是自由竞争。如果没有竞争，就没有前进的动力。所以国家垄断也好，私人垄断也好，只要违背自由竞争的原则，一律都要反对。我们提倡的最重要的规律就是自由竞争，这

---

* 原载《探索与争鸣》2011年第8期，本文有改动。

是最根本的原则。"

秩序则是一个关乎安全的问题。在我们生活的社会中，如果人身没有安全保障，市场没有安全保障，那就意味着脱离了法治建设的根本目标。因此我觉得，市场经济的法治建设就是两个保障，一个是保障自由，一个是保障秩序，这应该是两个很重要的准则。

从我国的状况来看，应该说我们在市场自由和市场秩序建设方面都有所欠缺。这和西方国家不太一样。西方国家的市场经济建基于亚当·斯密的自由经济学，经历了成熟的自由竞争的历程，所以当后来经济危机来临的时候，人们发现自由过度了，于是出现凯恩斯主义，出现了国家调控市场的手段。但是中国的市场经济是从计划经济转过来的，原本缺乏自由，也可以说，我们的市场一开始就面临着双重缺乏。第一种缺乏就是没有西方那种发达的、成熟的市场自由，或者说我们更多体现的是一种原始积累中的暴发户式的自由。另外一种缺乏就是我们的市场并不是全面开放的，很多交易活动还处在国家的严格控制下。在美国出现经济危机的时候，中国人有点沾沾自喜，认为我们之所以避免了金融危机，是因为我们没有搞金融衍生产品交易。其实，如果按照成熟的市场经济标准来衡量的话，我们还是一个很不发达的市场经济，如期货、期权，以及刚刚起步的股指期货，都是在国家严格控制下进行的市场交易。所以有人说中国的市场经济大概也只是一个电动自行车时代的市场经济，或者是刚刚发展为小汽车时代的市场经济，我们还没有进入比较发达的市场经济。从这个意义上来说，我们在保障市场自由方面存在很大欠缺。

但是，我们在市场秩序建设方面的缺陷更多。可以说，我们国家在相当长一段时间之内注意到了市场自由方面的立法，但是在某种程度上忽略了市场秩序方面的立法。现在《合同法》《公司法》《票据法》《海商法》等在内的一些法律，在市场秩序方面的立法还比较欠缺。市场秩序的欠缺突出表现在信用欠缺方面。最近很多媒体刊登了在美国上市的多家中国公司被停牌或者摘牌的丑闻①，表明我们的企业中存在的虚假现象和诚信问题已经到了非常严重的地步。我记得当时谈到企业上市都用"包装"这个词。所谓包装上市，就是把企业本来亏损的部分改成盈利，这明显是一种欺骗的行为。我们在美国上市的部分企业，更是在包装上市方面下大力气，甚至连美国的会计公司都感觉很为难。如果不给中国公司包装上市，那就没有市场，如果要有自己的市场，就必须冒着违反商业道德的风险。所以这是一个很严重的问题。可以说，做假账在中国的企业界是一个很普遍的现象。难怪朱镕基同志为国家会计学院题写的校训是"不做假账"，当时人们都觉得很惊讶。直截了当地将"不做假账"作为国家会计学院的校训，恰恰说明我们在这个问题上存在非常严重的缺陷。

企业失信也表现在其他方面，如伪劣产品遍布、欺诈行为横行，在中国市场上成为一个司空见惯的现象。中国的经济发展速度在世界上数一数二，但是中国的市场秩序的表现在世界排名很靠后。市场经济混乱的情况给中国丢了很大的脸，上文说到的在美国被停牌和摘牌的18家上市公司，使中国的商品在世界上的信誉蒙受损失。现在的情况好一些了，但是这些问题依然很严重，亟待解决。

从这个意义上说，我们的法治建设所要达到的目标，一个是给市场充分的自由，一个是保障市场安稳的秩序。如果这两个目标没有做到，就表明我们的法治建设离我们所要实现的目标还有很大的距离。

毋庸置疑，自由和秩序是一个矛盾的两面。如果我们过分强调自由，没有秩序，那就会缺乏安稳的保障。反过来，如果我们过分强调秩序，忽略了自由，也会形成一个有秩序，但是没有自由、没有动力、

---

① 2011年在美国上市的中国公司连续爆出财务丑闻，导致中国概念股股价大跌。从2011年3月到5月两个多月间，有18家中国公司被纳斯达克或纽约证券交易所停牌，4家企业被勒令退市。

没有活力的局面。在自由和秩序这一对矛盾里面，应该说自由主要是通过私法来保障的。

我们知道，法律分成公法和私法两个方面，虽然现在有些人认为公法和私法的界限已经相对弱化了，但是两者之间基本的划分仍然存在。私法讲的是私法自治，在私法领域，应该由当事人自己来做主，决定自己的权利如何行使。而市场秩序涉及公法的范畴，公法带有管理和强制的意味。举例来说，刚开始起草的《信托法》包含了私法的内容，也包含了公法的内容，也就是说，《信托法》草案不仅包括了信托各个方面的权利和义务，信托财产的地位，还包括信托公司怎样成立，信托业怎样管理，信托的风险怎样回避等问题。可是后来我们在制定过程中发现，作为私法的《信托法》比较容易起草，但是涉及信托业管理的公法就比较复杂。所以当初帮助我们制定《信托法》的日本专家主张应该将《信托法》中的私法部分和公法部分区分开，我们无法接受日本专家的建议，因为我们的立法是列入计划草案的，不好随意改变。最后，起草《信托法》的时候，由于制定不出公法部分，所以出台了纯私法性质的《信托法》。但是问题也出来了，不久前在一次信托业研讨会上，大家深深感到，信托产业只有私法保障还不行，没有公法，就没有办法保障信托业安全实施。所以从这点来说，立法的时候很重要的一点是配套。我们有《信托法》，但是没有《信托业法》，也没有相对应的税法。没有规定信托业怎样上税，也没有规定国家对设立信托公司的要求，以及怎样保证它的保证金在运转过程中的安全。

应该说，一个国家从侧重市场自由到市场自由与秩序并重，这一局面的形成要经历三个阶段。最早的阶段主要是通过民法保障市场的自由，但是同时也涉及市场秩序的问题。以买卖关系为例，过去的市场也有欺诈行为，但是最早的时候，对待欺诈行为的原则就是让买者自己小心，如果认为对方有欺骗行为，是因为买方不了解买卖的规则。但是后来逐渐发现这个规则不对了，不能仅仅要求买者小心，还需要追究卖者的欺诈行为，所以规定了对于欺诈行为的一些措施。《德国民法典》里面有个帝王条款，就是诚信，买卖双方签订合同，首先要根据诚信原则，不做到诚信怎么行？这些应该基本上是在民事规范里面解决的。

第二个阶段，解决商法里面出现的新问题。以最典型的《证券法》为例，《证券法》是解决商事规则里面最重要的法律。我们大陆把《证券法》写在商法里面，而台湾地区的法律把它列在行政规范里面，这是一个公法范畴。因为在《证券法》里面，不仅要保证证券交易双方的自由，还要解决交易过程中的欺诈行为，防止交易过程中的欺诈。后来商法里面采用了很多这样的办法。

最后一个阶段，应该说是经济法的体系出现了。以美国为例，1890年美国通过了《谢尔曼法》，该法以反垄断著称。本来企业合并是企业自己的事情，但是现在不行了，如果两家很大的企业实现合并，就会损害别人，因为侵吞过多的市场份额会挤占别人的市场。所以在这一点上，法律要作特殊的规定，即作为经济法出现的《反垄断法》《反不正当竞争法》《反倾销法》等这样的法律。

虽然三个阶段之间的划分并不十分明显，但是我们可以看出它们之间有一些内在的联系，说明法律越来越重视对市场秩序的保护，从原来将保护秩序看作民法里面一个小部分，到后来作为商法里面很重要的部分，乃至于到最后作为经济法里面最核心的部分，甚至国外把《反垄断法》看作经济领域中的"宪法"，就是这个道理。

二、警惕国家权力的过度干预

在当今世界，应该说国家权力干预市场不是什么新鲜的问题，不论是社会主义国家，还是西方国家，都要动用国家权力来干预市场。

我想这也是我们现在对于市场所采取的一个很重要的方针。

　　建立社会主义市场经济，对当前形势来说是一个最大范围的共识，经济学界不论左派、右派，保守人士、开放人士，人人都可以接受这个目标。但是具体怎样理解社会主义市场经济，就存在分歧。当年香港有一家大企业在大陆设立了一个奖，奖励对中国经济发展有突出贡献的老一代经济学人。最后评出的四位经济学人中，至今健在的分别是刘国光和吴敬琏。吴敬琏对我说，在人民大会堂颁奖典礼上，他们两人致辞的重点不一样。刘国光认为，既然讲社会主义市场经济，特点就是国家调控，过去削弱了国家调控，是没有按照市场经济的正确方针办事。而吴敬琏的讲话恰好相反，着重点在于市场经济，认为国家干预得太多。这两位学人的分歧非常有代表性，也引起我们思考，在解决国家和市场关系方面，国家究竟起多大的作用？在多大范围里起作用？这应该是非常需要讨论的问题。

　　市场自由，更多的是从市场准入、资源分配方面来考虑，国家在这些方面不应该过多干预。2011年6月23日《法制日报》登载了一则消息，标题非常醒目，叫作《浙江国有资本全面进军农贸市场》。我看到这个消息很吃惊，多年来已经很少看到这样的消息了。浙江地区传统上私营经济比较发达，而浙江国有资本要全面进军农贸市场，理由是现在农贸市场太混乱，农贸市场里面私有企业占的比重太大，欺诈现象、假冒伪劣产品较多，政府认为体制不顺，产权太复杂。但是，改革开放初期，我们恰恰强调应该在农产品市场、小商品市场给予私营企业更大的自由啊！现在怎么变成国有资本要全面掌握市场了呢？所以我很担心，我们现在是不是又出现了重新回到计划经济时代的苗头。以今年（2011年）南方很多省份缺电的例子来说，更可以感觉到这个问题的严重性。现在很多地方企业出现了"开三停一"，甚至每周停工两天的现象。怎样解决电荒难题呢？报纸上还有一条消息，称为解决电荒，发改委加快审批设立火电厂的请求。我对这个问题感触很深，在缺电很严重的时候，发改委加快审批，那么等这些加快审批的火电厂建成的时候，电能可能又出现富余了。曾经在计划经济时代出现过的现象，却有可能在今天的市场经济时代重现。完全靠审批来解决发电问题，不是按照市场经济规律办事。我们常常讲，一座发电厂能否上马建设，由国家发改委下辖的一个处、一个局来审批。一个省因缺电而需要建设发电厂，这个省自己不能决定，还要经过发改委的一个处级单位来批准，不批准就不能建设。由一位处级干部用计划经济时代的方式来审批一些项目，它所造成的恶果是非常明显的。所以从这点来说，市场自由现在面临着更大的倒退，原因是国家加强了审批，又恢复了某些项目的审批制度。

其实，以前我们国家在颁布《行政许可法》的时候，有个很好的愿望，即市场经济能够解决的问题，尽量由市场自己去解决；市场自己不能解决的，尽量由社会组织去解决；只有市场不能解决，社会组织也不好解决的问题，才由国家来审批。在这三个排列中，国家审批排在第三位，只有遇到市场解决不好，社会也解决不好的难题，才动用国家的力量。而现在，国家审批的力量越来越大。世界经济危机发生之后，政府有关机构通过了多个对重要产业部门实施行政控制的文件，包括造船、钢铁等一些产业，凡是不达标的产业，都要被淘汰或整顿。这样一来，等于变相加强了政府的控制力量，它所产生的负面效果值得我们反思。

如果观察市场的秩序，也会发现这个问题。当初在规范市场秩序方面有一部很重要的法律《产品质量法》，这部法律是在第七届全国人大代表会议上通过的。当时的立法过程中讨论了国家到底用什么样的手段来控制产品质量的问题。参与立法的人员参考了美国的《产品责任法》。《产品责任法》和我国的《产品质量法》的用意差不多，都是以保障产品质量为目标，但是采用的手段却恰恰相反：美国的法律是用产品责任来推动产品的质量，除了涉及人民生命健康的药品、食品这样的产品，其他的产品都可以生产，如果因为生产假冒伪劣产品导致用户受到侵害，生产方就要承担民事责任。而我国的《产品质量法》主要用行政手段，而不是民事手段加强管理。

还有知识产权问题，1995年我在美国讲学的时候，美国的律师问我，为什么美国知识产权在中国受到那么多的侵犯？当时我说，中国知识产权发展比较晚，不像美国、英国比较早地出现了知识产权法，也没有来得及从中央到地方建立一个很完整的执法机构。美国的律师马上反问："按照你这样的说法，中国得建立一个多么庞大的政府啊！"这个问题，我发现自己确实上当了，如果中国每通过一部法律，都要从中央到地方设立一整套执法机构，我们确实会变成一个庞大的政府。所以，如何完善立法的手段，也是一个很值得思考的问题。

三、中国法治建设进程曲折

法治和人治，是中国面临的一个最根本的问题。在我看来，中国这些年法治面临倒退的局面。过去我常常说中国的法治进程有进步也有退步，进两步、退一步，总体来说还是在前进。但是，最近我们退两步、进一步，以退为主了。这是一个很可怕的现象。如果这种情况长期存在，那法治的未来就会很危险。

我想大家可能很关心李庄案①，我就常常提起这个问题。我关注李庄案的原因并不是因为李庄个人，我跟李庄并不认识，对他本人没

---

① 2009年12月12日，因在代理重庆龚刚模涉黑案中涉嫌伪证罪，时为北京康达律师事务所合伙人的律师李庄被重庆市公安局拘捕。2010年2月9日，重庆市第一中级人民法院终审判决李庄伪造证据、妨害作证罪成立，处一年零六个月刑期。2011年4月2日，重庆市江北区人民检察院以李庄犯辩护人妨害作证罪，向重庆市江北区人民法院提起公诉；4月28日，重庆市江北区人民检察院决定对李庄不起诉，并宣布了该决定。

有多大的好感。但是为了担当律师的职责，我觉得有必要站出来表明我的观点。

李庄案是法治倒退的表现，尤其是在后来补加的遗漏罪行案件里面，体现得尤为充分。李庄被判伪证罪，但是事实上很难辨别和界定伪证罪。什么是伪证？如果是书面的证据，比如假身份证或者假公文，那还容易处理。但是口供就麻烦了，口说无凭，如何确定是伪证呢？在李庄担任原辩护律师的涉黑案的一审里，龚刚模称在公安局里面的口供是刑讯逼供，又称李庄唆使他翻供，这就产生问题了。李庄会见龚刚模的时候，公安人员都在场，在当时的情况下，无论龚刚模说什么，别人都听见，难道一个眼色就使他翻供？这有点牵强。时隔一年，重庆市江北区人民检察院以李庄犯辩护人妨害作证罪，向重庆市江北区人民法院提起公诉。案件缘由是李庄案宣判后，重庆司法机关接到举报，要求追究李庄在其他代理刑事案件中的违法犯罪行为。其中一个案件中的当事人听说李庄被逮捕了，就声称李庄也曾唆使他翻供。这个人是吸毒犯，心理状态并不稳定，对于案件中举报人到底是借钱还是投资这些事实都不太清楚，所以重庆市检察院最后撤诉了。撤诉是完全正确的，确实没有很确切的起诉证据。如果指控李庄唆使当事人翻供，起码应该把证人传唤到庭上，这是非常必要的。现在证人并没有来，就以他的检举信作为起诉依据，那是很可笑的事情。

李庄案突出地反映了当下中国司法制度里一个很重要的问题，就是司法制度无法起到保护律师的作用。这并不是说律师不能被判刑，而是说对律师判刑要特别谨慎。他如果做了伪证，确实有书面伪证还好说，如果完全是口头证据，必须要求证人出庭，允许控辩双方交叉询问。这个交叉询问很重要，因为检方提的问题和辩护人所提的问题能够暴露出证人做证的真伪情况。如果律师时刻感觉到是在刑事责任的危险下进行辩护的话，那怎么行呢？

好几次有人问我，李庄漏罪案撤诉究竟是法律的原因，还是政治的原因？我说我不太了解，但是我个人认为，李庄漏罪案撤诉既是法律的胜利，也是群众舆论支持的胜利。因为从法律来看，漏洞太大，检察院的证据在法律面前是站不住脚的。政治方面的原因有没有？我觉得也有。这次对李庄漏罪案再次提起诉讼，在许多人的心目中绝对有"欲加之罪，何患无辞"的感觉。

一个人已经被判刑了，再给他加一点罪还不容易吗？所以这次检方针对李庄漏罪案提起诉讼，应该说失去了民心，失去了律师界的民心，失去了法律界的民心，也失去了中国许多普普通通老百姓的心。

为什么对一个普普通通的律师穷追不舍，抓住不放，非要置之死地？这不合适。我觉得中国的政治家要思考这个问题。

四、正确理解"两论"与法治建设的关系

今天在基层官员中，有两个口号喊得特别响亮，也最容易被歪曲。一个是"稳定压倒一切论"，一个是"中国情况特殊论"。这就是我所说的"两论"。我觉得在中国国情下，要注意"两论"对法治建设的消极影响。"两论"的提出虽然有其合理性，但是也容易在实际工作中被误用和歪曲。如"稳定压倒一切论"，如果不稳定，还谈什么改革？谈什么发展？所以"稳定压倒一切"有一定道理。至于"中国情况特殊论"，应该说，哪一个国家情况不特殊啊？任何国家都有特殊的情况。但是提出这两个题目，不仅有特定的环境，有特定的所指，而且"两论"的提出，对我国的法治建设有很大的影响。我们应当正确理解两者的关系。

值得重视的是，在实际工作中，我们难以清晰界定什么是稳定。我们没有《稳定法》，没有给稳定做出一个界限，什么情况是破坏稳定，这些我们都不清楚。是否稳定由当地的党政机关一把手来决定。

因为提出"稳定压倒一切"，马上有一个现实的问题，谁来确定是稳定还是不稳定呢？或者谁来决定它妨碍了稳定呢？关于谁来确定妨碍稳定，我们现在既没有法律的规定，也没有任何其他明确的界限。可以说，稳定不稳定全取决于地方党政一把手，现在不仅是市长，就连县委书记、县长，也可以决定这个地方的某些行为是不是妨碍了稳定。所以，笼统谈"稳定压倒一切"，有可能导致人治的问题。

拿深圳这个改革开放的前沿城市来说，2011年要举办世界大学生运动会，为了维护大运会的安全，深圳市政府部门公布了一个办法，这个办法就是对深圳市社会治安有高度危险的人进行严格的控制。按照这种分类办法，一共有7类共8万人属于可能对社会有危害的人。深圳市政府部门规定他们不能在深圳居住，勒令他们搬走。那么深圳市把这8万人推到哪里去呢？这8万人肯定不愿意回乡，无非是到周边城市去。那么周边城市的安全怎么办？周围的东莞、惠州等城市反应强烈，群起效仿，也要制定相应的规定。他们的理由是，这些人如果到东莞和惠州来的话，他们的危险谁来管啊？如果都照此逻辑，中国就太危险了。

深圳市的做法产生了不好的影响，舆论哗然，反对声一片。这一措施从根本上违反了宪法的基本原则。宪法讲人人平等，不能因为户籍原因就歧视别人。但是现在这种做法呢？说得夸张一些，有点类似印度的贱民政策，或者古代罗马的人格减等制度，就是把人分成三六九等，而不是把所有人当作平等的公民来对待。这是影响人权保障的一个根本问题。

然而我还看到一个消息，虽然反对声很大，深圳市的副市长兼公安局局长表示还要坚持实行这个制度，理由是"稳定压倒一切"，认为这8万人影响稳定，必须离开深圳。可是深圳市有关官员如何来判断这些人是否影响稳定？主要还是人治因素在起主要作用。我们要反思的是，如果我们通过人治确定什么是稳定，什么是不稳定，甚至一个地方政府负责人、一个公安局局长就能确定是稳定还是不稳定，那中国是不是又走向了人治的道路？又退回了人治？这是一个很可怕的现象。

更糟糕的问题还在后面，对中国来说，开改革开放风气之先的地方却实行了最落后的办法，那么有什么办法制止他们呢？能够用宪法的手段抵制吗？很困难。我们没有宪法诉讼，也无从提起诉讼。顶多效仿原来的三个博士对于孙志刚案件那样上书全国人大常委会。国务院如果明智一点，可能就把收容审查制度撤销了，但是如果政府不明智呢？我们并没有救济手段来制止这种行为。所以从这个角度来说，我们确实需要解决宪法诉讼在内的一系列问题。

报纸上还刊登过这样的消息，某地方法院已经对案件做出了判决，但是在执行的过程中遭到地方政府的抵制，当地政府以影响"稳定"为由，要求法院停止执行。法院认为自己是依法判决，而且判决已经生效。可是县里面领导人说，很多居民有反对的声音，不同意执行，以这部分人的反对作为理由干预法院执行判决。这不是以"稳定"来压倒法治吗？行政权力假借"稳定压倒一切"之名，公然干预司法，这种情况在基层政权并不鲜见。依法执行判决本是依法治国的体现，但是现在不能执行判决，如何体现出法治国家应当建立在法治基础上？！

中国情况当然特殊，但哪个国家、哪个地区的情况不特殊呢？澳门特别行政区情况特殊，他们有一些本地的法律。香港特别行政区情况也特殊，但它也是一个法治社会。我们要看到，我们所讲的法律包含三个层次：法律既是一个制度，又是一种方法，更是一个理念。

作为制度来讲，每个国家有不同的法制。中国的法制绝对有符合中国特殊国情的规定，比如土地政策。外国有土地承包责任制吗？外国有土地集体所有制吗？没有！从具体制度来说，中国有特殊国情。但是法律作为方法，应该有共同性。分析法律问题要采集证据，以事实为依据，并判定证据如何，这是很明确的。在美国学习法律，课堂讨论结束之后问老师的看法是什么，老师说："我没看法，我教你的只是方法。"因为方法是制度的深层基础，法律制度随着时代的变化会随时发生变化，而方法则具有相对的稳定性。从某种意义来说，学习方法比学习制度更重要。

法治有一个共同的理念。它是世界各国发展到现在所共同追求的目标。可以说，中国是特殊的，和世界各国不一样，但是今天我们将法律看作秩序，看作社会生活的规则，看作市场经济的规则，规则就有共通性。自由也好，民主也好，人权也好，公平正义也好，都是人类共同追求的目标。如果法律不能维护公平正义，那还叫什么法律啊。所以从这一点来说，我们一定要看到法律有很多的共性，而这些共性不能够被个别所抹杀，而且也不能以强调一个国家自己所特有的民族特点为由把共性抹杀。从这个意义说，法律作为理念，它就离不开自由、民主、人权、正义和公平。正如温家宝同志在英国皇家学院演讲中所说，未来的中国，将是一个充分实现民主法治、公平正义的国家。中国的未来要充分实现民主和法治，这已经表明了我们的前进方向，所以依法治国应该是不容置疑的。

第三辑

建构政府、市场、社会新型关系

01 "大政府"导致市场混乱*

刚刚发布了消息，2014年10月要举行党的十八届四中全会，从我党的历史来看，在一次中央全会上讨论依法治国，这是绝无仅有的，也是一个很可喜的现象，把依法治国提到了中央全会的议事日程上。

我想，依法治国包括了如何建设一个法治社会，如何建设一个法治政府和如何建立一个法治市场。现在的经济学家大概都认同这个概念，就是，市场经济应该是一个法治经济，如果市场经济不是一个法治经济，那它自己本身也就不可能是一个真正的市场经济。

对于市场经济到底应该怎么认识，可能大家现在的看法很不一样。我觉得市场经济应该包含两个主要内容。第一，法治经济与法治社会、法治国家、法治政府的概念并不完全一样，它既然讲市场经济应该是法治经济，那么就意味着法治经济必须符合市场经济的规律。从外文角度来看，英文的"rule"这个单词，本身就包含着规则，也包含着法则的意思；俄文里"правило"这个单词，既包含了规则，也包含

* 本文为作者在2014年网易经济学家年会"政商重构，市场还权"夏季论坛上的演讲，原题《中国"大政府"致市场混乱：权力过大，公务员太多》。

了规律的意思。所以从这个意义来说，法治经济意味着市场经济不能脱离它自身的规律，如果市场经济脱离了市场经济的规律，或者说，它的法治是一个脱离现实、脱离本身规律的市场，那这样的经济必然要碰得头破血流。

过去有过这个教训，虽然那时候不是法律，但我们的政策也好、规则也好，实际上是违背了经济规律的。比如说1958年的"大跃进"时期，我们的经济政策脱离了经济规律，最后碰得头破血流。从这个角度来看，市场经济作为法治经济的重要内容就是它绝对不能脱离市场经济自身的规则和规律。

第二，市场经济的核心关系是市场和政府的关系。市场和政府的关系实际上就是公权和私权的关系，怎样处理好公权和私权的关系，也是市场经济作为法治经济的一个最核心的内容，我想这也是我们现在需要很好把握的方面。下面我想从两点做一个简单说明。

首先就是市场经济必须服从市场规律，而市场规律应该是体现了市场经济里面自主和平等的基本规律的。记得不久前报上登过一个消息，李克强总理和民营企业家讨论如何实现对于民营企业家的政策的问题，民营企业家回答得很好，说"我们现在并不需要政府给我们什么新的政策，我们需要的是一个社会公平竞争的环境。"这个公平竞争的环境代表了绝大多数民营企业家的心理状态，我们的国务院曾经通过几次关于民营企业的法规多少条，后来又搞了个多少条，这么多条法规到现在并没有得到很好地落实。现在民营企业家希望的是要有公平竞争的环境。我想，什么叫作公平竞争的环境？就是要给民营企业家在同一起跑线上起跑的权利，不能说你跑在前头，我跑在后头，不能说你是轻装前进，我是负重前进，应该有公平竞争的环境，这一点非常重要。现在十八届三中全会提出了国有企业改制的目标，就是要把一部分国有企业改变为混合所有制。这个消息出来以后，据我了解，并没有得到民营企业家的热烈鼓掌与欢迎，也可以说，民营企业家对于这样一个混合所有制还是心存疑虑的。可能是有历史教训摆在他的面前，如果拿1958年公私合营的状态来说，那是在特定历史条件下搞的公私合营，并不是完全出于自愿。如果我们看不久前山西煤矿的公私合营，也可以看出把原来民营的煤矿合并到国有企业里面，作为股权来参加，实际上剥夺了民营企业家独立经营的机会，使民营企业作为国有企业的附庸，起不到多大的作用。这一点学者和企业界有相当大的不同意见，这样一种混合所有制实际上并不代表市场的规律，并没有体现在市场经济下企业家应该有的自主经营和平等经营的目标。

所以我觉得，我们要搞民营企业和国有企业的混合所有制，要让它真正取得成功的话，至少需要四个条件。第一个条件就是真正的自愿，不能够"拉郎配"，不能够强迫，也不能够变相强迫。我觉得这是非常重要的前提。市场经济必须是市场主体自愿，如果不是它自己真正的意愿，那就不符合它的利益。我想，在这一点上，我们必须吸取历史上的教训。

第二个条件，股份比例应该合适。既然民营和国营是混合所有，那就不能仅仅把民营作为陪衬，作为一种点缀，那不行，要有合理的股份比例，至少他应该有合理的拥有权利的比例。如果我们现在把民营企业的比例仅仅放在2%、3%、5%左右，起不到多大的作用。民营企业能够真正作为一支独立的力量和国有企业共同进行混合经营，它必须拥有一定的比重，至少在百分之十几、百分之二十几的比例，才能说是一个合理的比例。从法律角度来看，应该是不能够由政府给它规定一定的比例，要求民营企业家只能在政府规定比例的范围内运作，那不合适。

第三个条件，要做到真正的权利平等。我既然入股了，至少我应该享有两个主要权利，一个就是管理的权利，一个就是分红的权利，这两点都应该保证。我想，管理权就是说民营企业入股要有责有权，对于民营企业家很重要的一点就是分红的权利。我曾经在北京中信国安的一家上市公司担任独立董事，参加过多年的董事会，这个企业也有民营股份，每次开董事会的时候，民营企业家都提出希望分红，但由于国有股份占了绝大多数的比例，一句话就可以定乾坤，说"我们现在不分配，我们所有的积累都用于继续发展"。民营企业家变成了只出资而得不到收益，这种情况在混合所有制里也是比较常见的。所以要改变这种情况，使我们的民营企业在进行混合所有制时有积极性。

第四个条件，应当像三中全会《决定》所指出的那样，在执行混合所有制的同时施行职工持股制。我们从改革开放以来不断提出职工持股制这个问题，也不断实践这个问题，但效果并不太好。我想，为什么要在国有企业改制成为混合所有制时提倡加进"职工持股制"呢？我理解为可以对国有企业机制里的一些腐败现象、落后现象施加更多牵制动力，职工持股可以增加经营管理方面更多的动力，在实施过程中我们也可以采取灵活多样的方式使职工参与管理，这样的话，既有职工参与管理，也有民营企业参与管理，再加上国有股份的控股地位，我们可能会出现一个更好的合理结构。我想这就是我们所说的，在实现利益格局方面，重铸市场是一个重要的问题。能够在市场重铸它的利益格局方面出现一个新的局面，这是我所期望的。

再一个问题涉及市场经济必须贯彻公权力不与民争利的原则。公权力是市场里很重要的一个砝码，应该说，对公权力来说，市场经济是不可缺少的，但在市场经济里，公权力和私权利应该是什么样的关系呢？我想，李克强总理在2014年记者招待会时曾经讲过一句话，他说，公权力是没有授权即禁止，而对于私权利来说，是没有禁止的即自由。因为李克强总理是学法律的，所以他在这个问题上的理解是很深的。应该说，在我们法律界，我们对这句话的理解是很自然的，私权利是没有禁止的就是自由，公权力是没有授权的就是禁止。也可以说，公权力是没有授权的就是非法，私权利是没有禁止的就是合法。

从这个角度来看，对于私权利的地位，在市场经济里私权利保障的作用，它的地位应该是提得很高的。过去法律不健全时我们提这个口号，应该说是有问题，现在法律健全了，我们可以说私权没有禁止的即自由，公权没有授权的即禁止，我想在这样的情况下，这是完全符合市场规律的一个要求。

市场主体的权利是天生的，是市场给予的，不是政府给予的，所以从这个角度来说，在市场方面，它授予了市场主体自由的权利。而公权力来自授权，这个授权是法律授权，只有在法律授权范围内它才是合法的。所以我们可以说，把权力关进笼子里，就是要拿出权力的清单，政府应该有一个权力的清单，只有在权力清单里规定的才是合法的权力，超出了权力清单的范围都是违法的，在这一点上我们就可以制约公权力的行使。

在这个问题上，市场经济作为法治经济应该包含两个方面，一个是关于市场自由的法治，一个是关于市场秩序的法治，这是市场经济、市场法治很重要的两个方面。所谓市场自由的法律，实际上讲的是，自由就是权利，也就是它的这种利益，市场经济的利益。秩序当然就是规则，不能逃脱市场的秩序。市场的秩序和市场的自由扩大来看也就是社会的自由和秩序。同一个道理，社会的自由和社会的秩序是不能缺少的相辅相成的两个面，完全自由但没有秩序不行，完全讲秩序但没有自由也不行。从这个角度来看，自由和秩序就是法律的两个核心层面，也可以说是我们讲依法治国、依法治市场的两个核心问题。

从现在的角度来看，我们可以说，市场自由就是维权，市场秩序就是维稳，这是维权和维稳的关系。我们的市场既要维权，也要维稳，但我们应该看到市场的维权还是最核心的问题。我想，对现在来说，市场自由的最大的问题，就是政府在市场自由方面介入过多，而在市场秩序方面管得太少。当然，现在情况好多了，但总的来说仍然没有摆脱这个格局。为什么政府会对市场自由这方面特别感兴趣，干涉过多呢？道理很简单，市场自由就有利益，尤其是在资源分配方面。拿最典型的土地问题来说，现在国有土地和集体土地绝对不是站在同一起跑线上；同样作为土地所有人，国家作为国有土地所有人和集体作为集体土地的所有人，这根本不是站在同一个起跑线上，集体土地的所有人不能随便支配他的集体的土地，就连他在土地上盖商品房，也是绝对禁止的。在这种情况下，只能先将集体土地交给国家，国家拿到了土地出让金，然后才交给开发商来开发。国家也好，各级政府也好，它在土地方面的财政收入是很高的，我们可以看到，这样的土地收入，有些是因为土地本身的价值，有些是因为国家要先征收土地，然后才出让而造成的。这种情况实际上造成在土地出让过程中，农民利益受到很大的损害。如果我们把集体土地看作农民集体土地的所有权，而不是乡镇企业这些人从中取得某种利益，应该说，这样一个办法实际上损害了广大农民的利益。我想，从这一点来说，打破原有的利益格局，应该说是改变现在集体土地出让征收的办法，是一个很重要的原因。

在我们国家，市场秩序的混乱仍然是很严重的。我听到过一个消息，在国际排名方面，中国市场经济的混乱使我们大概排在120多位。为什么在市场秩序方面政府没有花很大的力气，或者不愿意花很大力气来纠正呢？这里面有一个重要的原因，因为资源的分配可以拿到利益，而秩序的管理就会得罪人，得罪人的事情，政府是不太愿意插手管的，所以在这个问题上需要很好地考虑。

市场之所以混乱，还有一个问题就是政府管得太多。报纸上也提到过，一个企业要拿到经营许可证、登记为公司需要盖很多个章。我们的"大政府、小社会"的情况始终没有得到根本治理。所谓的"大政府、小社会"，我理解这个"大"有两大，一个是政府权力过大，二是政府的人"过大"，这样就造成了我们的政府是一个"大政府"。而实际上，要是能够真正变成大社会、小政府，我们不仅要把政府的权力减少，而且要把过于庞大的政府编制缩减下来，所以这个问题需要很好地研究。

我在20年前曾经去美国讲学，当时美国对于中国侵犯了美国的知识产权、著作权很有意见，那时候我们的《著作权法》刚刚通过三四年，美国律师就问我一个问题，为什么中国有这么多侵犯美国软件的情况？我当时只说了一句话，《著作权法》才刚刚通过几年，我们还没有来得及从中央到地方建立起一整套《著作权法》的机构。没想到美国律师对此很惊讶，他说你们怎么通过一部法就要建立一个从中央到地方的机构，那你们的政府就会是很庞大的政府了。这句话说到了一个很重要的问题，美国只是在食品和药品这样一些对于个人健康至关重要的领域里实行国家管理，国家实行严格的检查制度，其他很多要靠当事人自己维护自己的权利。我们不能够期望政府在市场秩序的所有领域里都实行代替当事人保护自己权利的做法，这样的话，我们就会有一个很庞大的政府，就会形成很庞大的政府权力。所以在这一点上，我们应该彻底改变公权力和私权利在市场管理方面的做法，更好地体现我们对于政府在市场秩序管理方面的限度，它的限度应该是最低的。

这就是我说的一些意见，对不对请大家指正，谢谢。

02 让政府的归政府，社会的归社会，市场的归市场 *

一、政府、市场与社会各管哪些必须要明确

我今天讲的是法治问题。法治可能有两种概念，一个概念是指政治国家的法治，或者叫狭义的法治。党的十八届三中全会《决定》专门用一章谈法治建设，其中讲的只是政治国家的法治。还有更广义概念的法治，就是市场社会或者说市民社会、公民社会的法治，这就涉及市场和社会的关系。广义的法治在三中全会《决定》中并没有专门作为一章来讲，但有关市场和社会的内容都涉及广义的法治。所以，这次我讲的题目其实是两个关系，一个是政府和市场的关系，一个是政府和社会的关系。

这两个关系是长期以来国家内部社会关系中矛盾积累比较多的，也就是说，长期以来的社会构成中，我们就是一个以政府为主体的社

---

* 本文根据作者2013年12月在凤凰"大学问"沙龙第二期的演讲整理。

会。在这个社会中，政府和市场的关系不正常，政府和社会的关系也不正常。那么，如何调节好这种关系，是三中全会改革中的一个关键问题。

讲到法治问题，实质说来涉及权力和权利的关系，一个是公权力（power），另一个是私权利（right），这两个问题也涉及法治的一个核心问题，讲法治，离不开这两个关系、两种权。从这个意义上来看，西方谚语说属于上帝管的交给上帝，属于恺撒管的交给恺撒，这句话是法治社会中的一个根本理念。所谓上帝管的交给上帝，恺撒管的交给恺撒，说明权力分工是非常明确的，任何一个都不能够超越权限，属于上帝管的，即使人间再有能力的人，比如恺撒，也管不了；属于人间恺撒来管的，上帝也管不了。

我们要区别社会管的是哪些，市场管的是哪些，政府管的是哪些，这点必须要明确。可以说市场管的主要是私权利，以私权利为核心；政府是公权力，是公权力的核心，公权力当然由政府行使；社会管的是什么？社会是自治团体，自治性就确定了它既有power的一面，也有right的一面，尤其是在社会关系中，确定哪些属于社会拥有的权力，哪些属于社会中应该有的权利，明确划分两者的界限，这就是自治的特点。国家管的是公权力，市场管的是私权利，而社会应该管的是自治并尽到自治的责任。

二、政府和市场：法律权威与改革的两难关系

十八届三中全会提到经济体制改革是全面深化改革的重点，核心问题是处理好政府和市场的关系，使市场在资源配置中起决定性作用。这就是所谓的政府和市场的关系。现在解读已经很多，过去提到市场在资源配置中起基础性作用，今天改成决定性作用。基础性作用和决

定性作用有本质上的差别，既然说是决定性作用，也就是说在市场与权力的决定方面，市场起主要作用，发挥最根本作用。如果说两只手，一只是"无形的手"，另一只是"有形的手"，"无形的手"是市场的手，当然应该是最重要的，只有当市场这只手不能起作用的时候，国家这只"有形的手"才能进行干预。

但是长期以来，国家这只手无处不在，无时不在，市场始终感觉到很强的政府影子在起作用。这就是吴敬琏教授常说的，我们的市场还是一半统制、一半市场在发挥作用。半统制、半市场的现象造成政府和市场的关系失调，或者政府和市场的关系扭曲。

怎样能够做好政府和市场的关系？我不是经济学家，只能够从法律、法治方面谈一点意见。我认为处理好政府和市场的关系需要解决三个问题。

第一个问题就是解决好市场的改革和法律的关系。刚才萧功秦和华生两位教授都讲到，改革开放是从35年前开始的，35年来一直存在这个问题，到今天仍然没有彻底解决好改革和法律之间的关系。在学法律的人来看，改革是比较活跃的，或者说改革无时不在，而法律相对说来是稳定的，怎样处理好法律的稳定性和改革不断变动之间的关系？处理好是很难的，因为既然法律已经有规定，就得按照法律来办，要突破法律来改革，只有先改法律，然后才能改革。如果改革必须以改革法律作为前提的话，那太麻烦了，也就不可能实现改革。这是一个很复杂的问题。

改革总的说来是在前进，而法律相对滞后。如果一个人紧紧抱住法律不变，很容易形成法律教条主义或者原教旨主义式的东西。法律就是条文，条文如果不变，那不就变成只有法律是至高无上的，其他一切都可以置之脑后？也不行。怎样处理好两者之间的关系，确实值得思考。

在改革初期，我们用了一个办法，就是授权，授权给国务院。改革中所涉及的一些问题，可以由国务院的法规或者部门规章来调整，这看起来似乎解决了一些问题。甚至在一些经济改革开放区，也用了一些变通的办法，可以自己制定一些和中央不同的法规和政策来缓解矛盾。但是改革到了今天，再用这个办法不行了，不能再授权国务院来制定一些法规代替法律，比如财税制度，到现在还没有统一的税法，比如征收房产税有法律依据吗？哪部法律规定可以征收房产税？如果要征遗产税，哪部法律规定可以？如果连税种都可以由国务院自己来规定，等于破坏了法治。长期用这样的办法是不太可行的，所以应该找出一种突破的办法。

现在至少全国人大常委会上讲出这么一句话，重大的改革必须于法有据，如果我们能做到这一点，那真是不错了。在重大的改革方面，不能随便突破，也就是说在重大的改革问题上，必须先改法律，然后再来实践，而不能倒过来，先改革，然后再改法律。这是对法律权威性的尊重。

如果讲法治，讲依法治国，连法律都不尊重，随便违反法律，那还行吗？不行。我记得1986年通过《民法通则》，过了两年国务院颁布了一条规定，土地可以买卖，也就是土地的使用权可以买卖、出租、抵押，原来宪法中规定的土地不得买卖、不得抵押、不得出租的规定就等于作废了，怎么办？第一步修改宪法，不修改宪法怎么行？紧接着把《土地管理法》中的这项条文也改了。当时我还在七届人大法律委员会担任委员，我就提出来，说《民法通则》也要改，其中也有这么一句话。有的领导就说，既然宪法都改了，《土地管理法》也改了，民法还改什么？到现在《民法通则》中仍然有这句话，"土地不得买卖、出租、抵押"，这实际上就是对法律的践踏，告诉人们法律没有什么好遵守的，因为修改了之后它也不变，人们心目中法律的权威就破灭了。这很重要，在重大问题上，必须要以法律为先，然后才能改革。

政府和市场关系第二个重要的问题，涉及政府到底管哪些，市场到底管哪些。如果不弄清楚这些，仍然会是政府的手伸得过长。这次三中全会第一次对政府宏观调控范围讲得很细，哪些属于宏观调控，应该由政府来管。也就是说，属于微观的问题，当然不应该由政府来管，微观问题应由市场自己解决。

涉及市场秩序、公平竞争、公平交易方面的问题，政府也要管。我过去在这个问题上也写过文章，认为市场经济包含两个方面，一个是市场自由的法治，另一个是市场秩序的法治；市场自由当然归市场自己管，而市场秩序只能归政府管。因为社会的秩序也好，市场的秩序也好，政府有权限，有能够制裁的强力措施，公权力在手，谁要是破坏了市场秩序，就用公权力进行制裁，这是个人办不到的。

可是，涉及资产配置的问题，政府手中拥有很大的权力，地方的各级政府仍然更多热衷于资源配置、市场准入的问题，而对于市场秩序却不太关心，为什么这样？这就是因为利益所在。资源配置也好，市场准入也好，政府有批准权，有准入权，有行政许可，在这些方面有很大的利害关系。如果政府掌握上述权力，各级财政收入就大大提高，所以一定要把利益渠道切断，也就是要明确规定政府的权力，一方面在于宏观调控，一方面在于市场秩序管理，这样才能减少政府过多干预经济的现象。

第三个问题也涉及市场经济法治的基础性作用。市场竞争必须平等，如果市场是在不平等竞争情况下进行，就根本没有市场可言，也就不是一个真正能够称得上市场经济的东西。这次三中全会提到三个关系：

一是国有企业和民营企业的关系。国有企业与民营企业的关系始终没有建立在平等基础上，国务院通过了一次关于民营企业的规定，没有得到认真执行，后来又搞了一次，仍然不行。也就是说，在各级政府的管理人员心目中，私营企业与国有企业根本就不是平等的，国有企业是社会主义经济的亲儿子，而民营企业是异己的，这个东西不改变，两者就没有真正的平等可言。我参加过一次天则经济研究所的研讨会，他们认为如果把国有企业和民营企业放在平等条件下竞争，国有企业不是盈利很多，而是亏损了很多，为什么？民营企业的土地是有偿取得的，而所有的国有企业都是无偿划拨的，单是这一点，就可以看出来它们的利益是不一样的。

二是国有土地和农村集体土地的关系也不是站在平等起跑线上的。想想看，国有土地可以出让，收入由各级政府财政拿去，而集体土地不能流通，除非特定用途，作为集体企业、工业用地等，其他情况下不能自由流通。这次提出可以自由流通，但仍然有很多问题不够明确。集体土地是集体的，如果流通了，应该算谁的？当然可以说，所有权不能流通，只不过是经营权流通，但是如果把集体土地抵押了怎么办？抵押了还不了钱，所有权变不变？还是有一些问题需要进一步探讨，总之这是妨碍市场经济的又一个重大问题。

三是内资和外资的关系。在座的各位可能都知道，从1978年制定《中外合资企业法》开始，规定给外商企业很多优惠，而很多内资企业根本享受不到给予外资企业的这些优惠，在这种情况下，怎么能够实现平等竞争？现在对于外资企业稍微做了某些限制，外资企业哇哇大叫，说对他不平等。我们的《公司法》里明确讲，外商投资的有限责任公司和股份有限公司适用本法，但是并没有说适用具体哪些条文，实践中也存在困惑。同样都是公司，内资企业要完全按照《公司法》来办，外资企业就参照公司企业，《公司法》到底怎样决定也是个问题。

所以，在解决政府和市场的关系中，还有很多事情要做，要解决好两者的关系，还需要进一步地完善法律，只有法律进一步完善，才能使政府和市场进入一个正确的轨道。

三、政府和社会：让社会回归自治

我今天讲的第二个关键关系是政府和社会的关系。在三中全会《决定》的第十三项中，有一句话叫创新社会治理体制，其中提到要正确处理政府和社会的关系，加快实施政社分开，推进社会组织明确权责、依法自治、发挥作用。

不要看就这么短短的一些字，其中表达了很多新的思想，其中之一就是实行政社分开。政府和社会要分开，所谓分开就是各司其职，应该政府管的就由政府来管，属于社会管的就由社会来管，这是一个重要的思想。

另外，推进社会组织明确职责，职责就是既有权力，也有权利，这两者要结合好，明确哪些属于社会组织的权利。从这一点应该看到，社会以自治为核心，我们在这方面的研究还很少，往往知道社会自治的含义，但是关于怎么实现社会自治的研究很少。过去很多社会组织名为民间组织，实际上都是政府当后台，有的是政府拨款，有的虽然不是政府拨款，但是负责人或领导人都是政府指定的，这样的一种民间组织或者社会组织，怎么能够起到社会组织应该起的作用？这是一个很值得思考的问题。

我给大家举一个例子，在制定《物权法》的时候，曾经讨论过一个问题，出于国家利益或者社会公共利益需要，可以征收集体土地，这一点大家都没有意见。但是关键怎么写，到底是用公共利益还是用国家利益，这是有争论的。大部分人主张应该写社会利益、公共利益，如果要写因国家利益需要可以征收，那就麻烦了，国家利益就会产生歧义。我今天上午参加的一个活动还谈到党的利益，问题就来了，到底怎么看党的利益、国家利益和社会利益？不能笼统地用一句"三个不矛盾"来概括。"党的利益就是国家利益，国家利益就是社会利益"，这是有些人特别爱用的一句话，但不能这么简单的看。

党的利益也好，国家利益也好，都可能出现问题，或者说在党的利益或者国家利益的名义下，我们也做过一些错事。"文化大革命"不就是以国家的名义进行的？所以，以国家的名义推行一些东西，包括征收老百姓的房子，征收集体土地，都可能存在问题。因为国家也会犯错误，党也可能出错，在历史上也犯了不少错误，所以用党的利益的名义是不合适的。

为什么用社会利益没有问题呢？因为社会利益是公正的，既然社会需要，社会的利益需要，当然可以征用。从这一点来说，用社会利益代替国家利益，是《物权法》中一个很重要的改进。

四、谁来确定社会公共利益？

当然马上也就会有另一个问题，谁来代表社会利益？怎么来看待社会利益？由于政府和社会在实践中没有明确的分工，没有明确划分各自所管的范围，实际上凡是所说的社会公共利益，都是由政府来作决定的，政府说是社会公共利益就是社会公共利益，而且长期以来，我们所做的征用几乎没有商业目的的征用，都是以社会公共利益的名义征用。在这种情况下，社会的公共利益就被滥用了。

到底怎么来确定社会公共利益，由谁来代表社会公共利益发表意见？其中至少可以分出三个层次：

第一，《中华人民共和国各级人民代表大会常务委员会监督法》的规定就表明人大代表代表选民的意志来体现社会公益的性质。当时召开七届人大会议的时候，将三峡工程拿到全国人民代表大会上表决，这是一个很重大的措施，为什么？因为当时对三峡工程有不同的看法，有不同的意见，三峡工程牵涉多少人要搬迁，多少土地可能被征收，这样一个重大的工程，如果没有民意作为支持，可能吗？当时有700

多位代表表示反对或弃权，也在一定程度上表明民意对它有不同的看法。后来修改《监督法》的时候，有的人也提出这个问题，既然三峡工程可以拿到全国人大来表决，那么地方人大有没有权力决定哪些事项需要经过全民表决，或者是各级人大的代表表决？实际上这个问题也是一个空白。

大家可能还记得当时重庆九龙坡的"钉子户"事件，一个居民没有搬迁，在一个很高的坡上只剩那么一座房子，他所有的水和食物都要别人从下面往上吊给他。在这个问题上，我对重庆市政府的领导说，既然这是整个小区的拆迁，而小区又是危房，危房改造拆迁，为什么不能够以人大决议的办法来通过？要是通过人大决议，就可以减少一些阻力，至少它是经过了民意机构表决。在这个问题上，现在仍然存在不少缺点，最大的缺点就是，有很多各级人大代表不是真正由老百姓选出来的，也没有建立选民联系的机构和渠道，我们的代表很大程度上是官方指定的，而不是老百姓指定的，不是根据老百姓的民意真正选出来的，在这一点上，缺点还很多。

第二，现在很多问题上都会有一个类似民意听证会这样的机构或组织，比如涉及物价的调整等，要有各方面的代表参加听证会，这就是一个听取民意的机构。但是从实际情况看，这点做得也不好，实际上很多方面还没有建立任何社会组织，社会权利肯定离不开社会组织，如果连一个社会组织都没有，谁来代表民意？我们有工会、商会、共青团、妇联等，但是没有农会。中国这么大的农业国家，至多在基层组织有农会，但是到了县一级或者市一级，甚至到了省一级，都没有农会。现在我们还缺少很多具有代表性的社会组织，这值得很好地思考。

社会组织如果不和政府脱钩，也会存在很多问题。现在的社会组织实际上与官方有着千丝万缕的联系，某种意义上，与其说是代表民间的社会组织，还不如说实际上是政府在那儿作决策。这个问题不解决也不行。这次提了一个很好的意见，就是限期实现行业协会、商会与行政机关真正脱钩，其中讲的是真正脱钩，而不是名义上脱钩。如果我们真的能够做到行业协会、商会与政府脱钩，就会变成真正的社会民间组织，这也是一个很好的信息，至少在如何实现社会组织作用方面特别强调了真正脱钩。

对于成立新的社会组织，大家都知道，过去新的社会组织的成立是很困难的，难上加难。当然，现在已经有些松开的迹象，至少对公共慈善类、城乡社区服务类组织，还有一些其他的组织，都放宽了一些，批准设立也方便得多。大家都知道，西方国家在保护环境问题上有一个很大的特点，没有很大的政府组织管理，凡是涉及环境、地质等问题，民间组织起了非常大的作用。日本的捕鲸队遭到全世界很多人的反对，禁止滥捕鲸鱼，很多保护鲸鱼的民间组织就在日本捕鲸队捕鲸时阻止他们。这种民间组织的力量和作用是不可忽视的，只有发展了民间组织，才能够更好地体现社会组织应起的作用。

第三，我们国家可能更加欠缺的是征求民间意见，一个很重要的方面就是要有民意调查机构。国外有许多民意机构，这些民意机构的调查范围很广，调查的问题很深刻，有些也很尖锐。但是在中国，很多民间机构受到限制。我们对民间机构调查的范围限制得很严，有时连人大表决的投票结果都不公布，要是让民间调查机构来作调查，人们拥护哪个领导，哪个领导在群众中威信比较高，绝对触犯纪律了，是不允许的。这些东西不放开，怎么能够谈到真正的民意调查？在如何体现公共利益这方面，还有很多需要完善的地方。

同样也很重要的就是真正发挥民间组织在诉讼中的作用，也就是在市场经济中发生争论的时候，民间组织能够代表弱势一方提起诉讼。刚刚修改的《民事诉讼法》规定有些领域中，民间组织可以作为群众利益或者弱势群体的代言人提起诉讼。虽然这种现象开始比较少一点，像环境保护方面，允许中华环保联合会作为诉讼主体出现，但这是一个很好的趋势。如果今后在保护社会利益方面能够越来越开放社会组织，使这些组织能够代替弱势群体为他们的权利而辩护，那么社会组织的作用就会大大加强，社会组织在社会中的威信也会大大提高。

五、树立市场权威不是靠政府的章

我所说的一个很重要的问题就是，市场主体是明确的，市场主体就是企业，包括自然人等。政府的主体也是非常明确的，主体就是各级政府。唯独对于社会，主体是不明确的，谁是它的主体？是不是各种社会组织？各种社会组织又怎么划分？各种社会组织拥有哪方面的权利或权力？这些都是很不明确的。

我们要健全市场经济的法治，除了要明确政府和市场的关系，更要明确政府和社会的职责，该属于社会管的应该由社会来管。在通过《行政许可法》的时候，做报告的国务院法制办公室主任说了一句话，我觉得体现了国家关于市场社会在法治原则方面最重要的一个思想，他说能够由市场自己解决的，尽量由市场自身解决，市场不能够解决的，由社会中介组织来解决，只有当市场主体和社会中介组织不能够解决的，才由政府来行使行政许可权，这是一个非常好的思想。如果这样的思想能贯彻下去，我们的市场社会就能够很快完善。

但是，各级政府还是紧紧地握住行政许可的批准权、许可权，结果造成在市场经济中仍然要盖那么多的章，只有盖过政府的章才能够树立市场的权威，那就太可怕了。中国老百姓仍然有一个迷信的思想，迷信政府，认为政府的权威性最高，其他的都不信任。这一点不仅要由政府来改变，也要由老百姓来改变。

谢谢大家。

03 正确处理好市场、社会和政府之间的关系[*]

各位来宾、各位朋友，我今天讲的题目是《正确处理好市场、社会和政府之间的关系》，为什么要讲这个问题呢？我觉得这个问题对于处理现在的升级问题也好、创新问题也好，可以说是很关键的。从我们国家过去的情况来看，一向是政府占了最主要的地位，市场也好、社会也好，都是一个无关重要的地位。从这个意义上来说，我们国家长期以来一直都是国家控制一切、政府控制一切。改革开放以后，在这个问题上稍微有一些好转。我们加强了市场的地位、市场的作用，但是对社会和市场的关系这个问题，始终没有做出一个很正确的处理。应该说，解决好市场、社会和政府这三个关系，严格说来是两个关系，一个是政府和市场的关系，一个是政府和社会的关系。

那么我先讲讲第一个问题，解决好政府和市场的关系。应该说党的十八届三中全会的《决定》里面，特别谈到了资源配置方面应该是市场起决定性的作用。那么市场起决定性的作用，也就是说国家、政

---

* 本文根据作者2013年12月在第十三届中国经济论坛"经济升级与创新驱动"的主题发言整理。

府应该居于一个次要的地位。从这个角度来看，应该说市场代表着私权，而政府代表的是公权。私权和公权的问题，实际上就是权利和权力之间的关系。公权力代表的是权力，力量的力；私权利代表的是权利，利益的利。在我们国家怎么解决好市场和政府之间的关系？真正想让市场经济发挥一个决定性的作用，应该大大发扬契约精神。我们国家长期以来始终没有贯彻，也没有发扬契约精神。不像西方国家，它们的契约精神是很强的，而我们国家的契约精神是很弱的。我觉得契约精神应该表现在四个方面：

第一个就是平等精神，这个平等精神实际上就是我们所讲的权利平等、机会平等和规则平等这三个平等机制。西方国家在法学方面曾经有一句名言，这句名言是一个英国的法学家说的，他说从古代到现代，法律发展的过程可以用一句话来概括，就是从身份到契约。这在法学界被认为是一个至理名言。我想这个平等精神应该说是市场经济的基础，刚才讲的三个平等，权利平等、机会平等、规则平等，应该是市场的最基本的条件。如果连三个平等都没有，连起跑线都不平等，那怎么能够体现契约的精神呢？可是我们现在要能够体现真正的市场平等的精神，还差得很远。首先看一看民营企业和国有企业，这里就有巨大的不平等。天则经济研究所曾经开过一次会，讲到民营经济和国有经济实际上在资源分配方面很不平等。如果说国有企业的土地是无偿划拨的，那么民营企业的土地就是要出钱的，是国家出让土地，更不用说在矿产资源或者其他方面的一些情况。所以，从这点来看，民营企业和国有企业实际上不是站在同一条起跑线上的。国务院几次通过了有关民营企业的一些规定，现在看起来执行得并不是很好。

另外一个方面，农村的集体土地和国有土地也不是站在同一起跑线上。我们可以看到，集体土地在许多方面都有限制，进入市场流通领域有限制，而且集体土地和国有土地也不是同地、同权、同价。在这样的一种情况下，怎么能够体现平等的精神呢？这次三中全会讲到要统一内外资法律和法规，说明实际上我们的内资企业和外资企业也不平等。过去我们对于外资企业有很多的优惠，现在对于外资企业进行了某些限制，引起了外资的一些不满。如果不能够把内资和外资放在一个平等的起跑线上，就不能够贯彻平等的精神。我们的"三资"企业法和《公司法》之间有很大的矛盾，到底哪些适用《公司法》呢？在这个问题上并没有说得很明确的法律或者最高法院的司法解释。我想这是第一个，平等精神。

第二个就是自由精神。所谓自由精神，实际上就是利益的关系，因为市场离不开利益的关系，而利益的关系主要是两个方面，一个是资源分配，一个是价格制定。价格到底怎么来确定？这是企业作为市场参与者的最关键的权利。如果他自己不掌握这些权利，完全由政府来安排，那就失去了"自由"的含义。这次三中全会的《决定》特别谈到了这两个问题，资源配置应该由市场来决定，同样价格也应该由市场来决定。那些扭曲的市场价格的机制应该转换过来，我想利益的机制就是一个自由的机制。

第三个就是协商的精神。协商精神应该是契约精神很重要的一个方面，叫合同也好、契约也好，实际上是双方当事人协商取得的结果，这个东西实际上就是民主协商的机制。缺乏了民主精神、协商精神，由政府来决定双方当事人应该怎么做，那是管制精神。管制精神和协商精神是根本不同的。可以看到，在这些方面我们要发扬这种协商的精神。市场中的协商精神还有一个重要的含义，在法律里面我们叫作强制性条款和任意性条款。所谓强制性条款就是，法律这样的规定，当事人必须遵守，不遵守这个合同可能就是违法，就属于无效。但是在民事关系里面，尤其在市场经济方面还有很多属于任意性条款。所谓任意性条款就是当事人之间可以自由协商，当事人协商决定的东西就是当事人之间的法律。在这个意义上，可以说当事人之间、市场经济的主体之间也有一种立法的作用，但是这个立法只对双方是有效的。

我们过去的这个精神比较弱，法律强制性规范过多，而任意性规范完全尊重当事人意志，这样一种选择性可以由当事人自主决定，法律上叫作意思自治，这种意识还很缺乏。

第四个很重要的契约精神就是诚实信用的精神，或者叫诚信。我觉得这是市场精神里面一个很核心的价值观念。这个意思就是说，当事人之间既然签订了合同，那就有义务严格遵守，而且应当把违反契约的诚实信用作用看作市场的最大的一个耻辱，或者是对市场的最大的破坏。我们知道，现在在我们国家的市场经济里面，诚信的作用还是很差的，不守信用、不诚实的交易行为仍然比比皆是。在这一点上，我觉得应该提倡将信用作为市场经济的基础。西方国家，包括德国、法国等国的民法典里面，关于诚信的条款被认为是"帝王条款"。什么叫"帝王条款"？就是高于一切法律条文的最高条款。如果市场关系里面连基本的诚实信用都没有了，那就破坏了整个市场经济所建立的法治的基础。

我想，区别政府和市场的作用，在西方国家也好，在我们国家也好，可以用这么一个概念来概括。西方有一句谚语，属于上帝的，让上帝去管，属于恺撒的，应该让恺撒来管。我觉得这是市场经济很高的一个原则，甚至可以说是至高无上的原则。如果用这句谚语来说的话，属于神来管的，由神来管；属于人间来管的，由人间来管。如果把这句话套用在政府和市场的关系里面，我们也可以说属于政府的应该由政府来管，属于市场的应该由市场来管，这个是市场经济的至高无上的原则。如果不遵守这个原则，政府伸手管得过多，资源分配、价格确定，这样的一些东西都由政府来插手，那么我们实际上就是一种管制经济，并不是一个真正的市场经济。

我觉得党的十八届三中全会在这一点说得很清楚，政府应该是有限政府，这个"有限"，我觉得在政府的作用里面体现为两个方面：一个是政府要起到宏观的作用，宏观调控保证市场的秩序安全进行；第二个非常重要的就是在市场的秩序公平的交易这方面，还应该起到它应有的作用。我在这个问题上向来有一个观点，就是市场经济的法治应该包含两个方面，一个方面是市场自由的法治，第二个方面是市场秩序的法治，这两个东西结合起来可以构成我们所讲的市场法治。或者我们说要把市场经济变成法治经济，关键就在这两点，一个是自由的法治，一个是秩序的法治。在这两个问题方面，我们过去的政府，包括各级的地方政府有一个错误的做法，就是各级政府过多地关心市场自由的法治，或者关心市场的自由这个机制，也就是刚才讲的资源分配、价格制定，这些都是由各级政府来管，为什么？因为这里面有利益关系，包括市场准入也是这样。市场准入对于政府也有利害关系，因为我有一个批准权，我就可以控制你，我就可以拿到费用、利益，而对于市场秩序的法律却恰恰不太关心。按道理来说，市场自由应该由市场来管，而市场的秩序应该是政府来管，政府本身有权力，它可以制定强制性的规范，它有控制市场安全的责任，只有在这个方面，它应该完全发挥自己的作用。但是实际上政府往往对于市场秩序放任不管，更多去管市场自由，这就有些本末倒置了，有些没有抓到自己应该管的领域。

第二个问题，我想讲一讲处理好政府和社会的关系。处理好政府和社会的关系，我想很关键的一个问题就是政府想要的是公权力，那么社会想要的是什么呢？什么是社会的职能呢？我想，社会需要的就是自治的职能，社会自治就意味着社会不仅有权利，而且有权力。也就是给予社会某种既有意义上的公权力，同时它也有一些自己做主的权利。那么这就是一个很大的关键的问题，到底社会享有了哪些权利呢？我们这次三中全会的《决定》里面有一句话，创新社会治理的机制。这里面谈到过，正确处理政府和社会的关系，加快实施政企分开、政社分开，就是政府和社会分开，推进社会组织明确权责，依法自治，发挥作用。这里面谈到了社会的作用，一个是明确政府和社会的分工，另一个是明确社会自治的界限、自治的范围。

由此我想起当初海南建省的时候。1988年，海南提出来自己的方案是大社会、小政府，当时审议到海南省的设省意见时，认为这个观点是非常正确的。我们过去是大政府、小社会，而海南是想把它变成大社会、小政府。但是后来这个理念也没有完全得到实现，由于中央政府机构很庞大，到了省里面也得按相应的机构来设立，所以原来设下的小政府也就逐渐被大政府同化了。这样的一个小政府、大社会的理念，应该怎么样体现出来呢？这里面我只想举一个例子。

我们在通过《物权法》的时候，提到涉及公共利益需要的时候，可以征收土地、征收房屋。当时讨论了一个问题，即"社会公共利益"是指国家的利益呢？还是社会的利益？这个问题有争议，但是大家基本上意见一致。我们所讲的公共利益是指社会公共利益，而不是指国家利益，世界各国在这个方面用法也是一样。我想社会公共利益应该说没有任何可争论的，什么是社会公共利益需要？应该是说，虽然没有一个非常明确的标准，但是大家有一个共识。如果我用了国家利益，那就会产生分歧。什么是国家利益呢？我们到现在为止所有的征用实际上都是以国家利益为名，没有什么商业利益的需要了，这应该说是很可怕的，关键就在于我们所说的社会公共利益，究竟是用什么原则确定的？我觉得确定这个公共利益可以从几个方面来看。

第一个当然就是各级人大了，各级人大应该代表的是社会利益，我们的人大代表应该是从群众中产生的，他能够反映群众的利益。三峡这么大的工程施工的时候，还得提交全国人大讨论，因为它涉及10万以上人口的迁移问题、土地搬迁的问题，所以这些问题都有一个如何界定、要不要来改动的问题。很遗憾，只有三峡工程在人大表决，需要经过地方人大代表来讨论的重大工程很少。

第二个就是社会组织的作用，我们现在的社会组织仍然没有跟政府脱钩。这次三中全会《决定》里面提出来要加快社会团体、社会组织和政府的脱钩，真正能够让社会组织成为民间组织。我们现在有一些社会组织不健全，农民占有很大的数量，但是全国也好、各省也好、各市也好，都没有农民协会。真正能够反映民间代表、民间呼声的社会组织一不独立、二不完善。必须在以上这些方面加以完善，才能够解决好什么是代表群众利益、社会利益的关系。我们现在也召开一些听证会征求一些民意，但是这些东西没有真正发挥作用。

第三个方面，对我们国家来说，很重要的是一个反映民意的机构，能够确实反映老百姓的呼声，做一些民间意见的调查。西方这样的组织很多，经常可以看到各种不同的民意机构所做的民意调查。而我们在这方面仍然很欠缺，或者有些地方属于意识形态的限制，我们对某些问题不敢做真正的民意调查。从这些方面可以看到，我们在解决好政府和社会之间的关系上，仍然有很多的工作要做。

我们近年在修改《民事诉讼法》的时候增加了一条，有一些民意机构可以作为代表民意的机关来提起诉讼。比如说中华环保联合会，可以代表环境生态方面受到损害的老百姓提起诉讼，这是一个很大的进步。这也仅仅是开始，我认为这个开始对我们有很重大的意义。我今天所讲的就是这些。谢谢大家。

04 政府职能转变的法治化*

记者：党的十八大提出了到2020年"依法治国基本方略全面落实，法治政府基本建成"的宏伟目标。《国务院机构改革和政府职能转变方案》指出政府职能转变是行政体制改革的核心。您认为政府职能转变对法治建设有何意义？

江平：政府职能转变是依法治国和市场经济建设中很重要的环节。我们国家长期以来的问题就是政府干预过多，减少政府干预实际上是改革开放以来一贯追求的一个目标。但是，实际执行得并不是很理想。比如说《行政许可法》，当时贯彻的基本精神就是：只要市场能够解决的，尽量由市场去解决；市场不能解决的，由社会中介组织解决；只有当市场、中介组织、社会不能解决时，国家才参与。这个想法非常好，贯彻了法治的基本精神。但是我觉得《行政许可法》实施以后没有看到显著的变化，政府的职能基本上还没有太多改变。我的感觉是，政府好像还是念念不忘自己手中的权力，因为权力里面有利益，每批准一个就有它的利益在内。经过这10多年，从《行政许可法》到现在，

---

* 原载《国家行政学院学报》2013年第4期。

新一届政府仍然提出来这个问题，就表明这一问题的严重性。所以我觉得政府干预过多是法治问题的一个核心，也是市场问题的一个核心。因此，政府应当限制自己的权力，而且要有断腕的决心。当然，政府职能转变还需要依法规定政府职能，从外部限制政府权力。因此，应该将政府内部自觉改变自己的职能和通过法律外部限制政府权力结合起来。

记者：2000年以来，国务院政府工作报告几乎每年都认为政府职能转变不到位，都强调政府职能转变。学者大多也认为这些年政府职能转变的成效不是很大。您认为根本的原因是什么？

江平：我觉得政府职能转变成效不大的一个很重要的原因就是，政治体制改革也好，政府职能的转变也罢，都涉及一个很根本的问题——利益问题。如果经济体制改革仅仅涉及市场主体的利益，那好办。比如说农村的土地承包，这个问题放宽了对集体土地权利的限制，利益的改变。但是涉及深层次的问题就是政府的利益了，所以在这点上，我们常常说只要涉及政治体制改革，涉及政府的权力和利益的问题，难度必然就会加大。我想政府职能的改变就反映了这个问题，因为政府职能改变不仅仅是一个权力的改变，它涉及利益的分配问题。如果政府职能涉及的是一个资源分配的问题，那顶多还是涉及国有企业的利益。矿藏、资源原本社会享有，现在专门给了国有企业，这个利益分配里面涉及国有企业。如果涉及批准的权限，涉及收费的问题，那就有政府利益的问题了。我们现在的产品质量、药品质量、食品质量等这样一些问题，里面实际上有很多政府的利益。所以我觉得只要涉及政府收费权力的问题，改革会相当困难。为什么呢？就因为有利益在里面，利益是政府职能转变最核心的问题，就是这个道理。

记者：有经济学家说政府职能转变的核心是法治，这个观点您同意吗？

江平：这当然同意。我觉得法治涉及两个问题。法治的第一个问题涉及权力。法治的根本问题是权利和权力的争执。市场呼唤权利，而政府对权力的关心更多一些，所以在权利和权力平衡的过程中就体现了法治的基本精神或者法治的走向，即减少政府手中的权力，给予市场主体更多的权利。所以，第一个问题是政府如何制约手中的权力，或者说怎样把权力关进制度的笼子里。法治的第二个核心问题是利益的问题。法治肯定离不开利益，利益分配是现在改革发生障碍、困难的最核心所在。这个利益有两种，一个是政府的利益，一个是政府公务员的利益，这两个利益结合在政府职能转变里面。进一步改革的话，不能够回避这个尖锐的问题，政府的利益和政府公务员的利益都需要解决。

记者：党的十八届二中全会提出"加快形成权界清晰、分工合理、权责一致、运转高效、法治保障的国务院机构职能体系"。您认为在政府职能转变法治保障方面，我们还有哪些欠缺？

江平：法律还不够健全。比如说还没有《行政程序法》。执法如果连这个程序都没有，很难说将政府的权力关进了笼子里。再比如我们已经有的《行政许可法》，这个并没有认真来做，我的感觉是《行政许可法》可能只实现了20%左右的预期目标。很多东西应该是由市场或者社会来解决，但是最终还是由政府来解决。

记者：过去我们机构改革经常讲减少行政审批，数据显示的确减少了很多，但行政审批事项似乎还有很多，好像这边在减少，那边在增加。您也认为《行政许可法》实施效果不好，这是《行政许可法》本身出了问题，还是没有执行好？

江平：我认为还是社会阻力太大，法律本身是好的，但是社会中的负能量太大了。本来作为政府的工作人员应该按照它来做，但是人本能的惰性使它往回退。另外，法治还有第二层意思，就是法治应该依照法律的理念，这些理念包括分工制约、民主、自由、权利保障等。这方面我们有很大的欠缺，起码从分工制约这一条来说就有很大的欠缺。在西方国家，议会的监督是非常重要的，而我们人大的监督远远不够，所以从这一点来看，整个制度的制衡也有问题。

记者：《国务院机构改革和政府职能转变方案》已经通过并开始实施，这个方案有许多非常具体的措施。之后国务院办公厅又下发了《关于实施〈国务院机构改革和职能转变方案〉任务分工的通知》，进一步明确了改革的时间表，您对此有何评价？

江平：我觉得《国务院机构改革和政府职能转变方案》应该说有很多新意，这个新意就是职能改变跟机构改革已经不是完全停留在一般的表述了，它有了一个路线图和时间表。路线图表明它有一个具体操作的方案，时间表表明它有先后顺序的安排，这就表明领导在这个问题上心中有数了，这是很可喜的现象。

记者：这次国务院机构改革最引人关注的是铁道部的政企分开改革。您怎么评价铁道部的改革？

江平：关于铁道部的改革从20多年前就开始了，我在七届人大的时候，通过了《铁路法》，当时就争论过一个问题，铁路要不要实行政企分开。我记得当时结论是铁路还不能实行政企分开，条件还不成熟，原因就在于铁路的管理类似于军队的管理，或者是一种半军事化的管理。既然它的管理模式是半军事化的，要实行市场经济就很难了。这次铁道部的改革体现了改革的决心，就是真正实现了政企分开。实现铁路的政企分开，是铁路运输真正走向市场化的第一步，有了第一步才能考虑下一步如何改革，我觉得这是很关键的一步。

记者：您觉得铁道部的第二步改革应当是什么方向？

江平：第二步改革应该包含票价市场化等问题。我觉得首先应该遵循的规律就是市场规律，市场价格肯定要随着需求、成本的变化不断变化。不可能设想一个票价几十年一以贯之。我们的石油价格现在也十天一变了，这是适应了市场的需求，不能几个季度才变化一次，这个不合适。我们现在的电价，还有一些其他的价格，好像也没有反映市场规律。市场和价格脱离的现象太严重，煤价自由放开了，电价却不能放开。但是这有个原因，就是国家终究还是要控制与国民经济有关、与老百姓生活有关的价格，这个要是变动太大也不合适。所以要解决好这两个矛盾，包括铁路价格放开以后，国家在短时期内仍然要控制价格，不能让它在某一个时期上涨太离谱了，否则老百姓的怨声会太大。

记者：网上有报道称，国家发改委综合运输研究所管理室主任刘斌在接受记者采访时表示，如果改革不彻底，铁路企业引进竞争机制和铁路总公司分拆不合理的话，铁路的垄断就会由政企合一的垄断演变成一个大垄断企业的垄断，"垄断的合法化、合理化比过去政企合一时代的垄断更糟糕"。您赞同他的观点吗？

江平：总的来说是这个道理，也就是说铁路的改革涉及一个最根本的问题，就是铁路要不要引进竞争机制，要不要引进市场机制。我个人认为，铁路现在是绝对的国家垄断，而且是事实上的垄断。我也认为在短期内，中国的铁路不可能引进太多的竞争机制，或者说在短期内不太可能出现民营铁路，因为铁路垄断格局是自然而然形成的。铁路民营化存在如何将价格、管理等统一起来的问题。不过，我觉得未来很可能迎来民营铁路系统。日本的铁路，英国的铁路，很多都是从原来的国有铁路变成民营铁路了，所以现在我们的铁路不能引进竞争机制，不等于说将来的民营铁路不可能实现。虽然它出现的时间可能比较晚一点，但是会引进这个竞争的。如果不引进的话，国家客观上垄断了这个行业，这是很可怕的。

记者：这次转变政府职能改革的一个基本思路就是简化行政审批，向市场、社会及地方放权。过去在简政放权的过程中经常出现"一统就死，一放就乱"的现象。您认为这次改革如何避免这种现象？

江平：我认为从总体来说，这个规律要完全避免也很难，为什么呢？因为"一放就乱，一统就死"这个现象是我们国家在调控经济的时候出现的现象。国家一放松管理，市场就乱，市场乱了国家就要加强管理，加强管理一统就死。之所以出现这种现象，根本的原因还在于我们过分强调国家管理的作用。计划经济就是这样，计划经济就是严格管理，稍微放开一点就乱，乱了又加强管理。实行市场经济体制之后，依然过多地依靠国家管理。举例来说，现在我们讲中国模式，中国模式是什么？实际上就是强调对于金融市场、商品市场等的管制作用。前一段时间发生的金融危机，中国为什么能够躲避啊？现在总结的原因就是国家管制发挥了作用，我们的人民币没有自由兑换，我们的汇率是国家控制的，所以我们可以躲避国际金融危机这种风险。从这个意义上来说，我们似乎总结了一条成功之路，就是国家还要保持对经济的干预，甚至是相当高度的干预，这个结论不改变，上述现象就很难避免。因为国家本身仍然觉得一乱就要管，一乱就要加以控制，也就是说，我们不仅在社会管理方面是稳定压倒一切，其实在市场管理方面也是稳定压倒一切，市场还要保持不能够乱，而这个不能够乱就是让国家管。所以我觉得现在政府的思维仍然没有脱离这个模式，只要没有脱离这个模式，"一统就死、一放就乱"的现象只会有程度上的差别。

记者：这次改革强调要改善和加强宏观管理。您认为改善和加强宏观管理最核心的是什么？您认为我国目前宏观管理领域的法治建设状况怎么样？

江平：加强宏观管理，这是完全正确的，因为政府对市场的干预就是宏观管理，但是实际上微观管理还是很多。微观的、不应该实行管理的也参与了管理。我们曾经想撤销国家经济贸易委员会，只保留国家计划委员会，严格说来，计委负责宏观管理，经委负责微观管理。但是后来发现撤销了经委问题很多，因为经济会出现一些微观的失态，哪个省生产的煤突然间不够了怎么办，还得政府管。后来，经委的一些职能又让计委来管了。我想政府之所以不能放弃微观管理，就在于并没有完全放开市场经济。如果市场经济完全归市场管了，那么国家不需要很多的微观管理，就是因为微观方面还有很多地方扭曲了市场规律，政府才不得不进行微观控制。所以从这一点来说，我们的改革还是不彻底，我们的计划经济改为市场经济，还是像吴敬琏教授说的，半计划半市场，半统制半市场，一半是市场调控，一半还由国家来干预和调控。所以我对于宏观调控完全赞成，但是对于现在仍然微观管理的这一部分，我认为还需要改善。至于改善和加强宏观经济最核心的是什么，我觉得改善和加强宏观经济最核心的应该说仍然是要和法治的理念保持一致。

比如说，宏观调控很大的一个问题是财政和税收的问题。财政和税收本来应该是人大的权力，每个国家的税收都是议会的权力，我们现在将它放权给国务院。因此，税收还没有完全由法律来调控。人民代表大会在讨论财政预算的时候也出现了这个问题，人大到底能有多大程度上的权力干预财政预算呢？这也是一个很大的缺陷。

比如说当初修建三峡工程的提议是在全国人大表决通过的，我也参与了表决，三峡项目由全国人大来表决，其他的呢？南水北调费用也不少啊，南水北调要不要经过人大讨论？全国是这样，地方怎么样？

地方一个重大的项目要不要人大来表决？所以这个问题是一个体制的问题，我们现在并没有很严格地确定哪些税收、哪些财政的收支应该通过人大来讨论。所以在这一问题上，不协调好关系，宏观调控就始终存在着一些不完善的地方。

记者：宏观管理这方面的法治建设，您觉得最欠缺的是哪一块？

江平：首先我们没有一部宏观调控法，有人建议搞一部宏观调控的法律。什么叫宏观调控？宏观调控该遵循什么程序？至少这两个问题应该解决。

记者：政府职能的一个重要方面是市场监管，您多次强调我国现在的市场秩序不好，您认为政府加强市场监管应当从哪些方面入手？

江平：市场分两个方面，一个是市场的自由，一个是市场的秩序。市场自由应该更多地靠市场自己的力量，这方面的法律总的来说比较健全。市场秩序主要不是市场自己来解决，应该靠政府来解决，市场秩序跟社会秩序一样，也是个很重要的方面。如果市场没有秩序，给参与市场的人带来的很大的问题是信心不足，这个市场是很乱的。我觉得我们的市场秩序最核心的问题是诚信，现在的诚信严重不足。买奶粉不买国产奶粉，买国外的奶粉，这就是个很严重的问题，我们对自己的奶粉缺乏信心了。我想，信用的建立一方面要靠老百姓内心的认知，但他内心的认知是从市场的秩序表现出来的。这次黄浦江上游出现一万多头死猪，你再说没有污染老百姓也不相信。这是一个管理的问题，我觉得政府必须严格建立药品和食品安全的秩序，这是最根本的。你想，我们现在把药品和食品监管合并到国家食品药品监督管理总局，这就学了美国的经验了。美国就是要突出药品和食品的重要性，药品和食品的安全是绝对第一的，其他产品的安全是次要的。

政府现在更愿意参与市场的资源分配和管控市场的准入。本来市场的资源分配和市场的准入是事情，政府不应该管。可是现在政府管了，为什么？利益所在。土地转让，政府有好处，土地出让，能拿巨额回报。可是涉及市场监督的问题时，政府却不太愿意管，这也是利益所在，因为市场监管得罪人。所以政府不太愿意管太多得罪人的事情，而更愿意管有利益的事情，这就是有些政府机构有点不务正业的原因所在。

加强市场监管，一个是要有法律，另一个是要严格执法。法律应该说基本有了，现在不足的是执行法律这一块。

记者：党的十八大报告提出：要围绕构建中国特色社会主义社会管理体系，加快形成党委领导、政府负责、社会协同、公众参与、法治保障的社会管理体制。您认为政府应当如何加强社会管理？

江平：我觉得这几个方面里面，社会协同和公众参与仍然显得不足，我们现在的社会组织还是很缺乏。拿世界各国的环境管理来说，环境管理很大一部分是靠社会参与，西方国家真正由政府发挥环境管理的职能很少，人员也很少，起作用的主要是社会团体，有各种绿色政党、绿色组织。澳大利亚或者其他国家对抗日本的捕鲸队都是民间船只，民间的保护组织作用很大，我们忽略了这一部分。环境管理的问题现在这么差，关键不在于政府投入的钱多少，也不在于政府管理得怎么样，光靠政府管理是不行的，民间的力量是千万不能忽视的。由于民间组织不够，民众的参与当然也就大大落后了，所以我觉得一定要放开民间的组织和公众的参与。现在民政部对于四类社会组织放开了，可以不要审批，不要有挂钩，这是一个好的兆头，但是不应仅限于这四个方面，其他方面也应该逐渐放开。

记者：政企分开、政资分开是国有企业改革和推进政府职能转变的主要手段。您认为在政企分开、政资分开方面，我们过去的改革取得了哪些主要的成绩，还存在哪些问题，未来改革的重点是什么？

江平：政企分开做得比较好，政资分开就有些问题了。因为政资分开有一个问题，就是是不是国家作为出资人单独成立一个机构，就能够完全解决政资分开的问题？国家作为出资人，当然要来控制，但履行出资人职责的机构不能是政府的一个部门，所以怎么能够把国家资本的代表和政府的职能分开，这可能是一个很关键的问题。

有的人建议将国资委作为全国人大下设的一个机构。这个建议是否可行，关键在于全国人大本身的自主性程度。如果人大有更多的自主性，国资委的代表实际上是全民的代表了，那政资分开就体现得更多一点。当然这个问题一直很难，真正把国资委放进了人大，而人大是一个代议机构，怎么来实行管理，这里面确实也存在着问题。

记者：怎样评价过去几十年的国有企业改革？未来国有企业如何深化改革？

江平：国有企业应该说比过去好了，好在什么地方呢？就是国企盈利了，国有资产管理委员会终究做出一个了不起的成就，把过去的国有企业亏损变成盈利了。但是就像国有资产管理委员会自己人所说的一样，国有企业赔钱了挨骂，赚钱了也挨骂。为什么赔钱挨骂赚钱也挨骂呢？我认为赚钱挨骂有两个原因：一个就是国企太垄断了，这是大家公认的；第二个就是国有企业现在的赚，其实并不是真正的赚，按照天则经济研究所的材料，国有企业还是亏了很多，因为它占有的土地也好，资源也好，很多方面得到了特别的优惠，如果把这些东西都算进去的话，它不是赚而是赔。也就是说，国有企业跟民营企业并不是站在同一条线上进入市场的，它仍然享有市场特殊的优惠，这点也是学者和老百姓的意见所在。将这两点考虑进去的话，应该说国有企业的改革还存在问题。未来国有企业改革应当完全市场化，应该与民营企业地位平等，各个方面应该都一样。

记者：我国事业单位分类改革已经进行两年时间了，您对此有何评价？

江平：我觉得两年来中国事业单位的分类改革在一些方面取得了很明显的成绩，或者说在比较浅层次的方面取得了比较明显的成绩。比如说出版业、文化机构。但是事业单位的一些深层次的问题，像学校、医疗机构等，没有太大的进展，高等学校体制方面没怎么改变，有些学校设立了董事会，但董事会不是真正的决策机构。事业单位真正的自治结构还没有建立起来。

记者：法治包括立法和执法两方面。政府职能转变的法治化首先需要解决立法方面的问题。您认为目前应该出台或修改哪些法律？

江平：对政府职能转变来讲，《行政程序法》还是很重要的。我们有了《行政复议法》《行政诉讼法》《行政处罚法》《行政许可法》，现在最欠缺的是《行政程序法》。湖南已经制定了《湖南省行政程序规定》，先行了一步，在一个地方先行试点，对于建立一个全国性的《行政程序法》很有好处。《行政程序法》为什么重要呢？有一种说法是程序决定公正。举例来说，劳动教养的审批程序就非常重要，劳动教养问题的决定怎么能够通过，怎么能够生效，现在说是由公安、司法和民政部门等三方面组成，实际上完全由公安部门决定，这就有很大的不合理性。我觉得《行政程序法》确实很难，因为每个部门的程序都有它自己具体的规定，但是总的来说得有一个基本的东西，我觉得这个也是很重要的一点。另外，有些领域的法律已经严重滞后，不能老是法律服从实践，实践应当服从法律。

记者：执法方面，我们经常讲严格执法，依法办事，但是一项针对领导干部的调查问卷显示，大概有40%的领导认为应当公平执法。您觉得公平执法和严格执法的主要差别在哪里？

江平：严格执法是一个量的表示，而公平执法是一个质的尺度，严格说来公平执法应该是执法的最高标准，但是我们可以在司法方面提公平，在执法方面讲公平就会陷入不确定。什么是公平啊？你执法可能你觉得你是公平的，我执法我认为我是公平的，在公平的问题上，有时候是没有一个准确的衡量标准的。就像京剧《玉堂春》中《苏三起解》中讲的：你说你公道，我说我公道，公道不公道，只有天知道。在这种情况下，很容易造成执法中权力的滥用、模糊。我觉得法律规定了之后应严格按照法律去执行，这个更符合现代执法的观念，更符合中国现在的实际。

05 必须把征税权收回全国人大[*]

一、政府尽量不要干预经济

网易财经：您曾经将您和吴敬琏先生的友情比作法学和经济学的一个联姻，那您认为法学和经济学之间有什么关系呢？

江平：我觉得经济学和法学是当前我们国家在治理国家和社会方面两个最紧密的学科。对西方国家来说，应该是四门学科，也就是政治学、法律学、经济学和社会学。我们国家由于特殊的历史原因，政治学不发达，可以说政治学淹没在法学中了。社会学其实也是很重要的治理国家和治理社会的方法，但是是一个很敏感的课题，一个很敏感的学科，所以实际上也被经济学淹没。所以我觉得在当前中国，最关键的是经济学和法学，这两者是什么关系呢？从马克思主义理论经济基础和上层建筑来说，经济学解决的是经济基础，而法学是上层建筑，上层建筑应该服务于经济基础，当然它也推动经济基础的发展。从这个意义上来说，我们国家的经济学长期以来违反了一个根本规律，

---

* 本文为2013年3月网易财经《意见中国——经济学家访谈录》对作者的专访。

就是经济规律，法学也存在这个问题。

以前的经济是计划经济，计划经济完全按照人的主观意志来设想。在这种情况下，长久以往就导致我们的经济违背了客观规律，而朝向一门依靠人的主观意志的学科。我觉得涉及经济方面的法律，非常重要的一个原则就是不能违背客观规律。我们在20世纪50年代末60年代初搞的"大跃进"、"人民公社"，实际上就是违背了客观规律，超越了自然规律，盲目地夸大了主观的意志，导致了三年自然灾害，或者说不是自然灾害，而是以人祸为主的社会灾难。

网易财经：30年前我们说是七部法律治天下，30年后的今天，我们已经实现了一个可以叫作"法"，法律架构基本完成的情况。30年前有多少部法律是跟经济法有关的呢？

江平：30年来，应该说我们制定的法律真的没有几部，涉及经济方面的，回想一下大概也就是在新中国成立初期的时候，关于土地改革有一部法律。但是这部法律适用的时间很短，它基本上只适用于土地改革，当把土地分配给农民，完成了它的使命，这部法律的作用也就没有了。不久之后我们开始了土地的合作化、公社化，包括土地的集体化改革，原来农民通过土地改革取得的土地使用权，没几年就丧失了。我觉得这是我们的一个很大的失误，也就是我们常常说的，本来新民主主义时期应该持续更长一点时间，但是实际上没几年，到20世纪50年代中期的时候就已经不存在了。所以，真正解决社会生活的法律，实际上也就是诸如《婚姻法》这样的法律。其他如《宪法》《政府组织法》，人大的一些组织法，都不是用于解决人民生活中存在的法律问题。应该说，新中国成立30年来，我们的法律真是屈指可数吧。

但是话说回来，如果我们把法律这个概念稍微扩大一点，包括国务院的法规，甚至包括部门的一些规章，涉及的法律方面的问题还是相当多的。真正严格意义上称之为"法"的法律还是比较少。

网易财经：市场经济经过30年的发展，改革开放、市场经济、法律体系可以说是"三十而立"吗？

江平：可以这么说，"三十而立"就是改革开放30年来，我们在法律体系上已经有了一个初步的、完整的社会主义法律的体系。当然其中还有一些欠缺，特别像政治方面的法律，言论、出版、结社、新闻自由这样一些法律还是很欠缺的。但是在市场方面，应该说我们已经具备了一个可以遵循的比较完整的法律体系。

网易财经：您参与了很多部法律的立法过程，包括对市场经济影响重大的《民法通则》和《物权法》。在市场经济的立法过程中，应该坚守的底线是什么？

江平：我觉得市场经济的法律，应该说有两个基本的底线吧。一个基本的底线就是要坚持地位平等，市场经济的主体地位应当是平等的。如果我们没有这个底线，应该说把市场经济的基本灵魂破坏掉了。比如说，在国有企业的地位上，实际上我们国有企业和民营企业不是站在同一起跑线上的。宪法规定中国的国民经济以公有制为基础，这就已经具有不平等的因素了。从《反垄断法》里面也可以看到，国有企业本身的垄断地位也应该反对，《反垄断法》实际上保护了国有企业在市场竞争中的垄断地位，这本身就有一个很大的问题了。石化、石油这样一些产业完全在国家控制之下，根本不能够对民间开放，那么在这种情况下，国有企业当然处于非常有利的地位，如果没有一部《反垄断法》来限制它，这是很危险的。

我觉得市场经济的第二个很重要的思想，就是国家尽量不干预。我说的国家尽量不干预，也不是一点都不干预，而是说国家在干预的时候要有一个主次的区别，所谓主次区别就是能够由市场主体自己去解决的，那么国家当然不干预。如果市场主体自己不能够解决的，但是由社会或者社会组织，包括中介组织等能够解决的，国家也应该尽量不干预。只有当市场、社会都不能够解决这个矛盾的时候，国家才来干预，这个思想在《行政许可法》里面已经表达了。

第三，政府、社会和市场的关系。市场能解决的尽量由市场解决，市场不能解决的由社会来解决，市场、社会都不能解决的由国家来干预。最近李克强总理在这方面也有表述，他特别讲到，政府应该转变职能，过去干预太多了，政府转变职能就等于在自己的权力上动刀子。他形容为壮士断腕，我想壮士断腕的这个决心应该是现在政府职能转变里面最关键的。因为长期以来我们国家的政府干预实在太多了，你们年轻点可能还不知道，我们这些80多岁的人，可以感受到政府无处不干预。不仅经济生活要干预，私人生活也要干预，结婚要干预，生孩子要干预，在过去一段时间，吃食堂也要干预。在这样一个情况下，本来完全属于私人生活的领域，或者属于市场经济自己来解决的领域，国家都来干预。那么要转变职能，实际是把政府所发挥的无所不包的职能给限制了，这个限制有一点类似于把自己的胳膊砍掉的感觉，所以要用壮士断腕的精神来改变国家在市场经济中的作用，这是《民法》里面很重要的原则。我觉得这两个应该是最根本的，一个是平等精神，一个是政府减少干预的精神，这是它的主轴线。

网易财经：我们看到新一届政府在最近的公开表态中多次提到要忠于宪法、忠于法律，您对此乐观吗？

江平：我觉得看一个政党的表现，看一个领导人的表现，重在行动，当然首先看他说什么，说什么也很重要，但是这只是一个基础，只是一个表态，至少比起过去领导人讲话里面不强调法律，不强调宪法要进步多了。我们看到有的领导人过去在讲话里面对于法律的地位排得很靠后，首先是党的利益至上，其次是人民利益至上，然后才是宪法和法律至上，这很显然是一种轻视宪法和法律的表现。现在习近平、李克强这两位新领导人上台讲话，头一句话实际上就是忠于宪法，应该敬重法律，我想这是他们的表态里面对人民的一种承诺。因为至少我们党和党的领导人应该在宪法和法律的范围内来活动吧。如果他本身的行为超越了宪法和法律，那他是极大地违宪，极大地违反了法治的理念。我想这没有问题，但是这样一个东西一定要见诸行动，见诸行动的意思就是说，在他们以后的行动中，不能够有任何违反宪法或者违反法律的行为。

我们国家长期以来没有宪法和法律的观念，可以说宪法名义上是最高的，实际上是最低的。一部宪法的作用，可能还不如一个县政府的文件更管用。在当地，人们都得服从县政府的文件，但是你说宪法是什么规定，可能对他来说是次要的。所以中国有时候形成了一个反过来的情况，就是越高的法律往往越被践踏，越低的法律越容易得到执行。实际上应该倒过来，应该有一个全民的、对于宪法和法律充满敬畏的精神，这样的话，我们才能够建立真正的法治的观念。

二、将政府的征税权收回全国人大

网易财经：您曾经说过您一直在为私权呐喊，您发出呐喊这个声音是一种无奈的表现？

江平：我自己研究的是"民法"，"民法"就是私法，私人的"私"，我所从事的专业本身就是在为私权呐喊。这个私权包括什么呢？它包括私人的财产权，私人的经营权，私人企业的财产完整权，乃至于包括一切私人所应当拥有的、法律所规定的权利，例如人身权、名誉权、隐私权，以及言论、出版、新闻、结社的这种自由。中国向来缺乏这种私权的基础，可以说，中国几千年来从来没有一个私权的传统。所以我所从事的专业实际上就是在为私权呐喊。

中国这些年来私权的意识有所膨胀，也就是说私权的意识比过去加强了，特别在《物权法》通过以后，人们的私权保障意识更高了。比如说过去对于自己的房屋这种私权的保护，没有像通过《物权法》之后，这样勇于保护自己的财产权的情况。这表现了一种私权保护的强烈意识，我觉得这点比较好。但是在中国，还应该看到另外的一个方面，即私权受到侵犯的意识还存在一个很大的问题，就是私权受到另外一个私权侵犯的时候，对它的保护可以说比较简单，例如我的财产权受到邻居的侵犯，我的财产受到公司的侵犯，那么我告到法院，法院有法律作为依据，就可以保护我的权利，但是如果私权受到公权力的侵犯，这就比较麻烦了，因为公权力是比较庞大的。我们现在有了类似《行政诉讼法》这样的法律，也有了民告官的制度，但是一方面这个民告官的制度还很不完善，另一方面老百姓心中终究还是有所畏惧：我告了官以后，我打赢了官司，官会不会给我"小鞋"穿呢，我会不会处于一个不利的地位？所以公权力太庞大的话，在这个情况下，公权力对私权利的侵犯很难解决。

当然还有一个问题，就是现在避免公权力侵犯私权利，从法律来说还缺少一个重要的制度，即西方国家比较普遍的保护宪法的一种手段。如果我的权利受到了国务院规定的法规的侵犯，甚至受到法律的侵犯了，那我能不能告？在西方国家，这个叫作宪法诉讼。在我们国家，举前些年的一个例子吧，孙志刚这个案件，他因为违反了《收容遣送办法》，结果在收容机关里被打死了。对他的收容遣送是有根据的，即根据20世纪90年代的《收容遣送办法》，是国务院规定的。那么在这种情况下就面临着一个宪法诉讼的问题了。当时有三个博士提出来解决这个问题，要求全国人大来审议国务院颁布的《收容遣送办法》是否违宪，这个问题就涉及比较大的问题了，也只有全国人大能解决。后来国务院把这个《收容遣送办法》撤销了，我想这个问题也说明我们现在在保护私权方面仍然还有很大的困难，就是这个道理。

网易财经：其实在《物权法》出台之后，对于私权，就是私有财产和公有财产，做了一个很大的平等的肯定。

江平：嗯，是这样。

网易财经：那您认为当时的这个举动具有什么样的意义呢？

江平：我想《物权法》很大的一个意义就在于，它肯定了应当平等保护国家财产与私人财产。但是我们回过头来再看一看，这个问题最后有一个折中的办法。我们知道《物权法》开始制定的时候，北大的巩献田教授提出来，说新的《物权法》是违法的，引起了立法机关的重视，这么一部法律怎么会违法呢？巩教授就提到这个问题，说宪法规定的是以公有制为基础，你怎么可能提出来平等保护呢，"为基础"与"平等保护"的概念是不一样的。所以后来《物权法》通过的时候就折中了，怎么折中呢？就是从宪法来讲，是以公有制为基础，但是从市场经济来考量的话，应该说国家财产与私人财产处于平等的地位，这样本身就有一个矛盾了。

从宪法来说，国家财产要高于私人财产。从市场来说，二者是平等的。但是从《物权法》的条文来看，应该说还是体现了国家财产和私人财产平等的原则。我想，这个原则的确立对于保护私人财产应该具有非常重要的意义，不能因为国家财产与私人财产发生争议，就推定为应当保护国家财产，就自然而然地适用于国家财产优先保护的原则，这是错误的。因为过去在计划经济年代，我们就有这个原则，国家财产、私人财产和个人财产发生冲突的时候，应当以保护国家财产为先。像这样的一些原则，现在肯定已经不适用了。

网易财经：还有一个关于私权利的问题，在公共利益面前，私权利应该处于什么样的位置呢？

江平：我是这么认为的，在公共利益的面前，首先，应该说公共的利益会限制私权，这在任何国家都是这样。但是关键在于什么是公共利益，界定公共利益是个比较难的问题。《物权法》规定属于公共利益的可以被征收。到现在为止，城市里面几乎所有的东西都以公共利益为名，是不是？所以在这点上，应该说，在世界各国也没有找出来一个真正统一的答案。什么叫公共利益？一般认为美国对公共利益的界定可能会严格一点，但是看起来也不尽然。在讨论《物权法》的时候，我们碰到这个问题，什么叫公共利益？美国一个州的一个小镇里面出现一个问题，在那要修建一个药厂，修建药厂应该属于私人利益吧，但是美国一个大法官解释说，这个镇是一个经济贫困的镇，它那儿修了一个药厂，能够大大提升财政收入，财政收入也可以说是公共利益。你要这么来解释的话，私人利益与公共利益之间的矛盾，有时候就在什么是公共利益这个问题面前变得很难办了。所以，总的来说，当然还是一条原则，就是公共利益应当高于私人利益，在公共利益面前，私人利益是应该让步的。但是究竟什么是公共利益，那应该……

网易财经： 就很难说？

江平： 由法院来解释了，是不是？法院如果认为这是公共利益，这就是公共利益了。

网易财经： 您刚才提到了保护公民的财产权，那保护公民的财产权，是否包括保护他的投资的权利呢？

江平： 那当然了，投资权利应该保护，但是投资的权利也要看国家有没有限制。这话怎么说呢？投资当然属于个人的自由，我现在有1000万元的资产，我愿意投在哪里就可以投在哪里。但是，国家也有一个关于投资方面的限制，有些领域不允许私人投资，比如说，有的矿产允许私人来投资，但是要想投资在石油业，实际上不可能，因为这是国家垄断的。所以现在在国家垄断的领域里面，个人是没有投资自由的。西方在这些方面放得就比我们宽多了，应该说私人投资只有在国家明确规定的属于国家垄断的领域里面才不能够投资，而在西方国家，国家垄断领域是很窄的，个人的投资自由领域相对来说比我们国家的要宽，这个是事实。

网易财经：但我们知道，现在除了一些国家垄断的领域，比如说房地产业现在也是限制私人投资的，限制购房。这样的行为您认为是否违法呢？

江平：我认为在一定的时间，一定的范围内，为了保障社会公正，某些限购措施应该是合理的。比如说，现在有的人购买100多套房子，这个已经完全超出他的个人需要了。如果是个人需要的话，两套、三套总可以吧，怎么会需要100多套呢？那么在这种情况下，限购显然就有合理性了。再比如说，在北京交通很拥挤的情况下，我们限制购买新的车辆。这个在一定的情况下还是应该允许的。虽然会给老百姓带来一些不方便，车主需要抽签，而中签率又很低，但是为了能够使大家都在一个自由的、比较顺利的、不太堵塞的交通情况下驾驶，限制当然有好处。如果大家伙儿都没有任何限制地购车，那怎么可能？这属于一种特殊情况，不是我们所说的那种限制了。

所以我觉得，对于购房的限制，实际上不是限制投资，而是限制投机了，限制投资跟限制投机是不一样的。如果我钱多，我投到什么地方好？现在只有房子可能有很大的利润空间，所以我就拿很多的钱去买房子，我可以买100套、200套房子，这就变成扰乱社会秩序了，扰乱社会秩序是不行的。

网易财经：最近我们看到一个红头文件，说的是对个人出售二手房征收20%的所得税。从法律的角度上来说，把税收作为调控房价的工具，您认为合理吗？

江平：总的来说，我觉得以税收作为调整价格的工具是不太合理的。其实，现在我们在转让私人二手房的时候，在20%的范围内增加税收，这个举措本身能不能起到限制房价的作用很难说。我听一个认识的律师讲，现在大家都在忙着办这个。既然二手房涨价了，那么实际上就意味着今后出让二手房的价格也会上涨，因为税提高了嘛。如果二手房转让价格提高了，那必然会影响到一手房的转让价格，本来我一手房的出让价格是100万元一套，现在由于二手房的转让价格里面要征收20%的税收，所以这就引起了我们现在所说的市场里面的正常的房价上涨。

现在全国有66座城市的房价已经上涨了，北京是涨得比较高的，达7%左右。可以明显看出来，我们用这样一个办法抑制房价上涨，其实是背道而驰，这样做的结果可能恰恰是促进房价上涨。所以这个税收的政策显然就有一个问题，要考虑到相互的衔接，而不能顾此失彼，在某一点上提高了，但是从另外一方面看到，它又造成了另外一种产品的价格上涨，这是不合理的。总的来说，在二手房转让的价格里面征收20%的税，我想这个单从抑制房价来说是有所欠缺的。

网易财经：其实现在大家会有一点糊涂，就是为什么一个红头文件就可以增加一项税收，收税权不应该是人大的吗？

江平：这个关键在于我们曾经有一项授权的规定，就是在改革开放期间授权给国务院，税收方面可以由它来决定。本来税收应该是全国人大的权力，也就是全国人大应该享有制定税法的权力，这个权力给了国务院。现在很多人已经对这个问题提出异议了，那就是国务院在税收的问题上权力太大了，我们现在没有统一的税法，就意味着到底征哪些税没有法律上的规定。这样的话，国务院可以任意增加一个税种，所以这个权限的放开尺度太大了。

第二个方面，不仅增加了税种，而且在税率方面的授权力度也大了。比如说，它现在增加了流通税，流通税到底征多少呢，没有法律的规定，它认为低了还可以提高。所以总的来说，我们现在在税种方面和税率方面出现了一些问题。我认为这个就是太任意了，国务院的征收权限也太大了，要控制这个权限，必须把征税的权力收到全国人大。这在世界各国可以看到，议会里面最重要的一个东西就是纳税的问题，是不是？因为纳税涉及全体老百姓的利益，议会议员当然要把这个权力掌握在自己手中，不能让它被滥用，尤其是不能够让政府擅自掌握税收方面的权限。

三、法律能够推动市场多元化

网易财经：那您认为当前我国法律最不利于经济发展的地方在哪儿呢？

江平：我觉得现在最不利于经济发展的方面，应该说还是国家干预过多吧。比如说，现在价格倒置的现象很明显，电价受限制了，不能上涨，为了照顾老百姓的利益，不能太高。但是另一方面又放开煤炭的价格，电的价格由国家严格控制，而煤价可以在市场上飙升，这就出现了很大的问题。所以，实际上就变成了煤炭经营者都赚了大笔钱，这当然是指前一阵了，煤价不下调，电价却相反，每生产一度电可能还要亏本。我想这样一个价格扭曲的现象，实际上造成了市场经济很不合理的现象。能源跟市场有密切的关系，石油价格放开了，很好啊，现在又要改成更灵活的反应机制。国际市场石油价格上涨，可能在很短时间之内，我们的石油价格也上涨；国际市场如果下跌，我们也能够很快反应过来，这是很好的。

可是用煤炭来发电就不行了，因为涉及老百姓的利益。生产用电和家庭用电不是同样的价格，这个姑且不论，在市场经济里面，要防止电价上升而引起其他的连锁反应，会造成我们控制不住价格，通货膨胀率就要大大提升了，那在这种情况下怎么办呢？这是我们面临的很困难的一个问题，一方面我们要控制通货膨胀率的提高，另一方面我们又要适应市场的规律，解决这个问题很难。

比如说，现在成立了中国铁路总公司，有人担心票价上涨，其实这么多年来票价不上涨也有它的苦衷。因为老百姓的工资本来就比较低，如果票价上涨就会影响很大一部分人，包括最低生活标准的人的开支，所以尽量保持了票价不上涨。但是现在铁路从完全由国家控制，到铁路要进入市场，必然要经过这一关，这一关怎么来化解呢？怎么能够使得铁路的运营成本逐渐跟它的效率挂钩呢？这是个很难的问题，是妨碍了国家经济发展的最重要的因素之一，就是一方面要适应市场，一方面要让老百姓的生活能够保持一定的稳定性。

网易财经：您怎么看待恶法，您觉得应该遵守恶法吗？

江平：恶法的问题也是一个很有争论的问题。从法学家来说，如果是自然法学派，他会认为恶法不是法。但是某些法律人认为，恶法也是法，它也是通过的法。应该说，在我们国家，一般人认为恶法应该还算法，什么叫恶法？谁来界定？立法的人绝对不说我这个法是恶法，是不是？但是不同的人有不同的看法，所以这个问题很难说。

比如说，1989年全国人大通过了一部《中华人民共和国集会游行示威法》。当时很多人认为这部法不太好，实际上限制了游行示威。当时李慎之同志是我们的法律委员会委员，他就说了一句话，《集会游行示威法》早通过不如晚通过，晚通过不如不通过。可是在不同的人看来，可能就有人觉得这是好法，所以原则很难界定。

如果一部法律阻碍了社会经济的发展，或者这部法律里面只有几项条文阻碍了社会经济的发展，那它是恶法还是良法呢？这也非常难说。百分之几决定了它是恶法？一半以上还是怎么样？这都非常难说。

对中国现在来说，即使通过了恶法，也只能执行，不能反抗它，或者不执行法院判决。法院的规定由国家的权力、国家的强制力作为后盾，违反了就只能接受处罚，承担法律所规定的法律责任。

网易财经：您认为有没有社会演化出来的一些好的结果，没有以法律的形式追加和确认下来？

江平：回答这个问题首先要确认什么是法律。法律有广义和狭义之分。狭义的法律就是指全国人大通过的法律，从这一点来看，我们现在确实还有一些领域没有以法律形式通过。比如说，能源的问题到现在还没有制定相关法律，现在需要制定，所以全国人大代表呼吁加强立法，大部分提出来要加强某个方面的立法，80%、90%左右的提案都是关于立法的建议。但是如果把这个问题扩大一点来说，我们一般理解只要具有法律的规范性质就是法律，那就包括国务院、各部委、地方机构，都可以制定具有法律性质的规范。从这个角度来说，在重要的领域里，我们没有类似的法律的规定。正如我前面所说的，有些县政府颁布的文件实际上起的作用甚至比宪法还要大，它会比法律甚至宪法更直接，更能够被百姓接纳。这是个很反常的现象，但是在我国是一个现实的问题。

网易财经：您觉得红头文件的效力大于法律，这种现状需要改变吗？

江平：当然要改变，现在中央的一个文件，县政府的一个文件，起的作用往往比宪法还要大，这就是一个现实的问题，老百姓法治观念薄弱的一个很重要的表现就是这个问题。

网易财经：在当前的制度框架下，您如何看待地方自主权的意义？经济学界有一种解释说地方竞争推动了市场的演进。从法学的角度来看，您同意吗？

江平：经济学界的观点与法学界的观点不太一样。经济学讲的是市场，讲的是竞争，法学不能讲多元化，法治是统一的，不能说在法治方面，上海一个法治，江苏一个法治，北京一个法治，这是不可能的，所以法治不能讲多元化，法治应该统一而市场应该多元化。从这点来看，法治的精神和市场的精神很难统一起来。但是另一个方面，法治是能够推动市场多元化的，也就是说健全的法律应该承认多元化。多元化有什么不好啊？地方有了更多的自主性为什么不好啊？我们在法律中应该鼓励赋予地方更多的自主的权力，这样的话能够使得经济欣欣向荣，这是应该肯定的。所以法治肯定的原则，和法治本身的原则不能一概而论。

四、政治改革需要顶层设计

网易财经：您之前提出来说，未来五年是政治改革的一个契机。您提出这个观点的原因是什么？

江平：因为现在的经济体制已经到了不能前进的地步了，再前进也很难了。我想这个问题就意味着经济体制改革和政治体制改革没有同步进行，要解决这个问题，关键就在于政治体制改革。但是政治体制改革跟经济体制改革相比较而言，应该说经济体制改革相对容易得多。因为经济体制改革虽然有点利益的关系，但是这个利益关系涉及国有企业的利益关系，而政治体制改革则涉及国家权力机关自身的利益了。就像刚才讲的，本来不该政府管的事儿政府管了，现在要放弃，让市场自己去做主，那政府本身要动大手术。如果这个"手术"要求政府改变自己的利益，困难确实比较大。无论从哪个角度来观察政治体制改革，都会涉及一个深层次的权力、利益的政治分配的新格局。

而要想取得完全一致的意见很困难，因为有些人舍不得放弃自己手中的权力。

所以我觉得这是一个很新的课题，政治体制改革从何入手，怎样来进行，如何能够取得社会更多的人的共识，怎么样能够最大限度地减少阻力，这都是我们需要研究的深层次的课题。

网易财经：现在流行一个说法，就是改革的顶层设计，您怎么看顶层设计？

江平：我认为改革应当有顶层设计。吴敬琏教授提出来要搞一个改革委员会，最近开的中央经济工作会议提出来路线图、时间表，这就是一个顶层设计，考虑改革从哪个地方开始，在什么时候完成。我想这就是中央决心进行改革的具体体现，我赞成应当有这么一个顶层设计，不仅经济体制改革要有顶层设计，政治体制改革也应当有顶层设计。

网易财经：司法改革方面需要怎样的顶层设计呢？

江平：司法方面的顶层设计，关键在于司法改革的目标是什么。过去我们提司法改革，原来的最高人民法院院长王胜俊也提司法改革，但是这个司法改革更多强调我们国家的司法体制，只提司法公正。司法怎么做到公正呢？又提出来"三个至上"，而宪法规定法院只服从法律，但现在提出来"三个至上"了，这些问题实际上造成了我们在司法体制改革的方向上出现了很大的误差，这个问题不解决是不行的。到底司法改革是按照世界主要发达国家共同的趋势发展，还是搞点所谓的中国特色的司法体制？这是需要根本解决的问题。

我在《炎黄春秋》上发表了一篇文章，也谈到这个问题，我主张司法改革总的目标应该跟世界上主要国家公认的司法原则保持一致才好。

网易财经：您怎么评价当前法学界的现状？

江平：中国的法学界经过30多年的改革开放，应该说有很大的进展，可以说我们原来基本上没有法学，现在法学教育的机构有600多所了，这是一个很大的发展，而且现在法学界里面培养出来的一些人物，也逐渐居于国家领导人的地位，这是我们国家法治兴旺的一个标志吧。但是法学界仍然有一些问题，我觉得一个很重要的问题就是法学界的思想还不够解放，也就是法学界本来应该更具有社会批判力的。社会上一些人提出了一些自己的见解，但是法学界敢于直言的人还是比较少。

举个例子，在重庆"打黑"事件上，贺卫方教授曾经公开发表了一封致西南政法大学的信，这封信轰动很大，因为后来证明他是对的。王立军的一套东西实际上是破坏法治的行为，可是当时在法学界里面响应贺卫方的号召、公开出来为他说话的人很少，这是一个悲哀。我觉得法学界应当有这么一个敢于直言的风气。

06　立法与执法的脱节 *

搜狐财经：多年以来，您一直为实现法治社会奔走呼吁，而在更多人的理解上，发展市场经济才是当务之急。您怎么理解法治建设与市场经济之间的关系？

江平：市场经济就是法治经济，这样说是不为过的。吴敬琏教授也是这样的看法，市场经济就是法治经济。为什么说市场经济是法治经济？可以从许多方面来分析。比如说，我们说市场本身涉及市场自由和市场秩序两个方面，这两个方面从国家干预角度来看，应该有所不同。市场自由方面，国家应该尽量少干预，也就是给市场的主体以充分的自由，或者说充分的权利。这一部分按法律来说，叫意思自治的领域，由当事人自己来决定。当然也不是说国家完全不加干预，而是像我们常说的那样，国家应该采取的态度是，市场主体能够决定的，尽量由自己去决定；市场主体不能决定的，由社会公共组织决定；社会公共组织还不能决定的时候，国家最后再来干预。在这个意义上，国家干预是放在最后位的。

＊　本文根据2013年5月搜狐财经《第一访谈》栏目第9期对作者的专访整理。

但是我们市场经济又有另外一个方面，就是市场的秩序。如果市场是没有秩序的、混乱的，那是不可想象的。从这个意义上来说，国家的干预是放在第一位的。而我们长期以来在这两个关系方面做得有些不协调。也就是属于市场资源分配方面，国家干预过多了。尤其是地方政府，总觉得土地、资源就应该由国家来掌握，所以他们更多地热心于资源分配和市场的准入。本来不该国家多管的，现在管得过多了。这是出于利益的关系，因为资源分配、市场准入涉及地方政府财政收入。

而本来应该国家管理更多的市场秩序，尤其我们说的药品、食品这些涉及人民健康的市场秩序，实际上很长时间内是被漠视了。本来老百姓希望国家能够在这一点上把好关、加强管制，国家却放松了，导致我们国家在市场秩序方面在国际上排到第120多位。

总的来说，市场经济应该分成鼓励和限制两个方面。既然讲的是市场，那么前提必须是多种经济。如果都是国有经济，谈什么市场呢？有市场必须有多种利益、多种主体。因为市场经济本身应该体现一种平等的地位，没有平等哪能有市场呢？可是我们实际上对于国有企业更多的是保护，甚至把国有企业看成执政的基础，而对于民营企业更多的却是限制。这样一来，执政的基础是国有企业，它必然要倾向于保护。《反垄断法》里面也体现了这一点。对于国计民生有重要意义的一些企业都是国有企业，这些企业往往不受《反垄断法》的制约。这些都是不足的地方。

总的来说，应该看到市场经济是法治经济，而法治经济就必须按照法治的规则来建设。

搜狐财经：您刚才提到国有企业在很多地方得到倾向性的保护，您如何看待近年来的国进民退现象？

江平：我们的政策（比如"非公36条"）理论上都很好，但实际上贯彻得很差。以山西煤矿为例，今天这样的状况，实际上剥夺了民营企业的权利，把民营企业变成了国有企业里面很小的一部分股份，没有什么作用了。这样的结果是计划经济时期形成的观念和思潮导致的。现在老百姓一说经营诈骗就想到私营企业，却认为国有企业是非常好的，都是为了老百姓的利益。他们并没有看到国有企业存在的问题。现在讲国有企业盈利多少，绝大多数都是垄断产生的利润。天则经济研究所的研究表明，如果加上土地等资源的使用成本，国有企业实际上亏损得很厉害。就算这些不计算进去，在同等条件下，和民营企业相比，国有企业的经营也存在很大问题。这种情况使得民营企业的舆论地位就有很大争议了。更何况此前在重庆还发生过随意将民营企业所有财产没收充公的案例。所以从整体上看，民营企业作为私权的代表，它的权利没有得到应有的尊重，因此不难理解为何民间资本会流向国外。从现在的形势来看，民营经济生存的环境还是相当困难的。

搜狐财经：您曾经亲历过国企改制。在国企改革方面，您有什么建议吗？

江平：我觉得国企改革很重要的一条就是建立在真正平等基础上的市场经济。《物权法》是保护财产的，不论这个财产是国有财产还是民营财产。而在市场经济情况下，《物权法》更多的应该是保护私人的财产。但是北大的教授提出来说《物权法》违反宪法，理由是宪法写的是"以公有制为基础"。如果现在出台一部保护私人财产的法律，那不是违反宪法了吗？所以后来《物权法》只能够有所修改，变成了二元制。什么叫二元制？从国家制度角度来看，是以公有制为基础；但是从市场经济来看，民营经济、私营经济和国有经济是平等的。然而，结果还是国家制度是最根本的，因为宪法规定了国家制度是以公有制为基础。这样一来，人们就会认为保护私有制只是临时措施。是不是过了一段时间，就要回到剥夺私有制的状态，又要以公有制为基础，以公有为先呢？那私有制的发展终究是不能够占太大比重的，到了一定的时候就要被限制。国有企业从来没有提过限制，而对于民营企业却明确有限制的意思在内。这一点，我觉得如果要改革的话，需要从立法根本上改变，包括《反垄断法》和《物权法》中的相关概念，应该做到对国企和民企平等保护。

搜狐财经： 您刚才提到了民营资本外流的现象。现在我们也看到了很多富人热衷于移民、转移资产，您怎么看富人移民潮？

江平： 这一定有它的原因，这个原因就是对自己的财产安全没有信心，而法律不完善正是造成信心缺失的主因。在实际生活中表现出来的就是对他的歧视，或者是对私营财产、私营企业财产的保护的缺失，移民潮和这种现象有直接关系。有时候并不完全是看法律，他的看法是从实际感受中来的。他认为财产在这儿得不到安全保障，当然要放到国外去。这实际上是我们国家法律执行中一个严重的缺陷。前些天在吴敬琏教授的文集发行式上，吴敬琏教授也谈到这个问题。他说中国的法律，或者中国的市场经济政策，这些措施在当时征求了很多国外专家的意见，包括很多一流的经济学家。他说这些专家当时都提不出什么新意见来，现在所说的这些措施都很不错嘛。但是实际怎么样呢？实际上落实的很少。政策和法律对民营企业有一些保护，但实际中并没有。这个就是他的感受了，他觉得法律和实际脱节太大。所以我们应该更多地从立法和执法的环节思考这个问题。中国是立法和执法脱节相当严重的一个国家，不解决这个问题是很危险的。

搜狐财经： 您怎么看2013年的行政审批制度改革？

江平： 这个问题实际上又涉及立法和执法的脱节了，涉及审批这个问题。我们10年前有一部法律，叫《行政许可法》。《行政许可法》就是解决审批问题的制度，当时做报告的杨景宇是法制办的主任，我记得很清楚，他说，市场经济能够做到的，尽量由市场主体自己解决；市场主体不好解决的，尽量由社会中介组织来解决；只有当社会、市场主体和中介组织都不能解决的时候，国家再来干预。这个思想是很对的，国家是放在最后一关的，只有前两者解决不了的，国家才来干预。但是现在看来，民企的准入机制实际上没有太大的变动。民企要等待十几个部门，甚至几十个部门的批准才能够进入市场。虽然这个问题在立法环节已经说得很清楚，不要管了，但是执法的人却做不到。

最近李克强同志担任总理以后，又特别提到这个问题。但是他又加了一个：能够由地方解决的尽量由地方解决，只有地方解决不了的，才由中央来审批。从这个意思来看，整体思路还是先个人、先市场主体自己解决，然后社会，再然后地方，最后才是中央。过去我们常说"政令不出中南海"，现在看起来这个现象确实存在。中央做了一些决定，不管是中央领导同志讲话，还是中央做出的法律规定，有时候下面就不以为然。特别是，如果"政令"影响了地方的利益，地方依然会按照地方的权限来执行。因为利益在我手中，税是我拿的，你要是给我减少了这个职能，那我税收征不上来怎么办？所以这个问题也很难说地方没有自己的考虑。有些问题是配套的，它不仅仅是改革一项法律制度，而且还涉及整体利益的考虑，这就需要付出极大的精力来改善执政的基础。

搜狐财经：刚才您谈到地方政府由于税收的激励而不能很好地执法。您怎么看依法纳税的问题？对税制改革有什么建议？

江平：这个问题法学界有基本共识，那就是我们没有一部统一的税法。我们的法律还明确规定了在改革期间授权国务院自行规定一些税种、税率。所以现在大家建议，改革已经进行30多年了，应该把这个权限收回去了，不能再赋予国务院自己确定征收哪些税和调整税率的权力。从世界各国来看，应该说税法是与老百姓切身利益最相关的法律制度，所以税制应当是由全国人大来制定的。但我们现在没有这么做。

首先，到底该征收哪些税？比如房产税，这是国务院决定的。我买房子的时候可能没有房产税的说法，最后国务院决定征收房产税，我买房好多年后突然要开始缴税了。再比如说现在的二手房，二手房的差额所得还要征20%的税，这是谁规定的？也是国务院啊，甚至就是国家税务总局来决定的。这样任意性的税法，实际上就造成税收负担越来越重。税收过重的最大危害就是扼杀了企业的积极性，也增加了老百姓的负担。再加上现在有些税种还有一个试点的工作，那就更没有一个明确的依据了。比如说房产税，现在有的城市已经在试点了。那么试点城市的老百姓就要多承受一些负担，而其他比较晚实行的就可以少受影响。这也是缺乏完整、统一的税制的表现。本来一次税收，一项法律，在全国范围内都应该一致，怎么能说一部分先做，一部分后做，而先后之间也可能差了很长一段时间。所以这个问题应该从立法的角度来解决，也就是把税制归到中央，归到立法机关，归到全国人大，才有权来制定有关税种和税率的法律。

搜狐财经：您提到现在为了实行房地产调控，政府对二手房交易中间的利益差征收20%的重税。但调控还有其他的措施：比如根据户籍进行限购，外地人或者单身人士不能买第二套房。对这样一个人群规定不得买房，您认为这些政策措施是否在政府的权责范围内？还是说政府已经越权了，不应该干扰私权？

江平：我觉得政府调控物价，特别是防止房地产价格过快增长，应该属于政府的权限范围之内，但具体方法需要考虑。我觉得因为户籍或其他原因而决定是否限购并不是一个很理想的方法，因为政府不能以户口的所在地来加以限制。这样的结果，必然又会造成新的户籍上的不平等。

本来我们在改革初期就已经提到要改革户籍制度，因为这种二元的户籍制度本身不合理。现在不仅没有改变它，反而加强了户籍的作用。由于户籍而引起的入学、医疗、社会保险各方面的机会不均已经很严重，现在又加上了房屋，北京还有律师之类的二元制度。户籍制度造成的不平等现象越来越大，这个不应该是户籍改革的趋势，改革应该逐步减少户籍制度的差异。外地的人愿意到北京买房子，有什么不可以呢？从法律上来说，应该减少户籍差异导致的居民不平等，而不是加大户籍之间的差异。

搜狐财经：您一直在呼吁保护私权，那么从法学角度来看，私权和公权具体的界限在哪？通过这样的一个界定，能否约束政府对市场经济的胡乱干预？

江平：私权是很明显的私人的权利，这个私权不仅保护个人，从我们民法的角度来说，法人也是私人。当然，你要是国有企业的法人代表，你代表的还是国有企业。那么民营企业的法人代表呢？他是私人的。所以保护私人的财产权利，应该说是神圣不可侵犯的。我们现在的《物权法》规定，只有当法律明确规定出于公共利益需要时才可以征收私人的财产。那就是说，从法律上来说，私权是神圣的，私权是基础，私权是"风可进，雨可进，国王不能进"，谁都不能来侵犯。应该说这个道理是很清楚的，没有法律所规定的条件，私人利益不能够被随便征用，更不用说用其他行政权力来剥夺这种权利。只有这样，老百姓才能安居乐业，或者像孟子说的，"有恒产者有恒心"，这就叫法治的环境。有了这样一个法治环境，社会才会欣欣向荣。

搜狐财经：您曾经主持制定了《民法通则》，您认为这部法律的最主要精神是什么？

江平：《民法通则》是1986年制定的，到现在已经快30年了。我想我们当初制定的《民法通则》，最大的一个优点就是规定了民事权利，而且都在《民法通则》中详细列举出来。当时有一个外国学者评论说，中国的《民法通则》是中国国家对于公民民事权利的承认宣言。我觉得可以这么说。这些民事权利的核心所体现的精神，一个是平等，一个是自由。这两者历来是民事权利的核心，或者说是民法的本质所在。

平等是什么意思呢？就是没有任何特权。过去有一位有名的英国法学家、哲学家叫梅因，他说古代的民法发展到现代，特点就是一句话，契约代替了身份。身份表明不平等，所以就是从不平等到平等，这句话说得很好。现代民法的特点就是平等。我们国家虽然法律上规定了平等，但是实际上的不平等仍然有，也就是身份的特权。我们过去因为身份上的特权造成的不平等的现象依然很严重。地方上的一些领导拥有很多特权，所以要做到真正平等，必须要打破特权，消灭特权。

自由就是取得民事权利的自由。应该说自由实际上就是意思自治、契约自由、身份自由这些概念，如果没有这些东西，无法构成现代的民法。

搜狐财经：您认为中国目前最迫切需要改革的领域是什么？

江平：我觉得从现在的情况来看，中国的就业问题是相当严重的。比如说现在的大学生，从毕业之后的就业情况来看，我觉得它跟中国贫富之间不平等的情况完全成正比。

简单地说，家里面有权有钱的大学毕业生，他不愁没有工作，绝对是能够找到好工作的。相反，如果大学生家里没有权、没有钱、没有关系，他可能要面临着失业的危险。你说中国的考试平等是可以的，我考进来是平等的，我分数比你好，我进得起大学。但是就业分配就面临着很大的问题了。在中国，你要想把它一时消除是非常困难的。有钱有权的，他只要打一个招呼，下面就有人给他安排工作了，而且安排很不错的工作。他愁什么呀！但是没有钱、没有权的毕业生，就像报上报道的，写了多份简历找工作也往往毫无下落，因为求职的人太多了。如果大学毕业之后他还找不到工作，他就没有收入来源了，那他要结婚生孩子，他靠什么呀？所以，如果今年我们的就业分配出现了一定程度的危机，那么到来年可能问题就更多了。因为前几年已经有失业率了。所以不要小看中国的失业率，中国现在所公布的失业率，有些是不准确的。

大学生毕业即失业，这是一个危险的信号。这些问题不予以解决，实际上加剧了贫富差距，加剧了贫苦阶层对于有钱人、有权人的仇恨，这是很危险的。

对于没有工作的年轻人，哪怕是很年轻的群体，应该有一定的社会保障手段，保障他的生活基础。当然，还要更加积极地开拓社会中的就业渠道。所以，有人说中国的经济发展如果保障不了7%～8%的GDP增长率的话，中国会很麻烦，原因就在于失业率。

07 王岐山"打虎"，敢动高层权势人物*

罗昌平：党的十八大以后，王岐山进入中纪委，主导了一系列的反腐工作。在您看来，他个人的这种铁腕手法，在中国现在的反腐状态下有什么样的作用？

江平：王岐山做过北京市长，更早做农村工作，包括后来在金融界，都是以强人的形象出现的，很有魄力。我觉得，在中国的反腐问题上，特别需要有魄力的人。有魄力并不等于说是一个专断的行为，有魄力就意味着他敢于触动权势人物。我想，这个决心显然也并不在于王岐山本人。如果在习近平作为总书记的领导集体下面，他能够充分发挥自己的力量，而且习近平也给予他充分的权力，我想这一点很值得欣慰。

罗昌平：从薄熙来、王立军的案件，到最近的李东生的案件，我们都能感觉到他们（中纪委）对政法系统的权力的再造，或者是一种巨大的冲击。您对接下来5年、10年，甚至更长时间内中国的法治建设有哪些具体的期待？

* 本文根据《罗昌平对话》栏目"2014全国'两会'特别策划专题"第2期整理。

江平：我始终认为，薄熙来的问题更多的是政治问题，因为"唱红"本身有一种明显的政治倾向，那么"打黑"本身也包含了一个很大的政治目的。所以我觉得，薄熙来的危险就在于他要引导中国走向极"左"的道路，这是很危险的。如果他走上领导岗位，那是非常危险的，可以说是要扭转中国将来发展的方向。我觉得这个是解决薄熙来问题的一个很重要的背景，是关乎中国向何处去的一个关键的问题。

罗昌平：最新的一起案件就是公安部副部长、十八届中央委员李东生被查处的案件。您怎么看待这个案件的背景，它体现了中央反腐的一个什么样的动向？

江平：李东生案件不能够仅仅从他的官衔来看。有的人注意到他曾是处理邪教问题的领导小组的组长，我不太把这个官衔看得特别重要，但是我觉得他的官衔之所以重要，就在于他在公安部。因为公安部是执法机构里面很重要的一环，执法机构自身的清廉、自身的反腐，具有重要的意义。在中央召开的政法工作会议上，习近平总书记特别强调，绝不能够容忍害群之马。

罗昌平：李东生是正部级官员，这么高级别的官员长期以来没有被发现，这中间存在什么样的制度上的漏洞，或者跟人有什么样的关系等。您怎么看待这个问题？

江平：关于高级官员，尤其涉及中央委员这一层的，我觉得应该有不同的情况。一种情况是，他是逐级升上来的，那么在他升迁的时候，只要没有更多的问题，很可能自然而然就升上去了。另外一种情况是，当他提升的时候，上面有一个保护伞，这个保护伞有意隐瞒他的一些问题，有意对他的提升加以保护，使他的升迁之路能够顺畅。我觉得李东生的这个案子，并不完全是一个窝案，或上面有保护伞的情况。只有当我们揭发出来上面的保护伞时，才能够逐渐弄清楚下面的这些案子。

罗昌平：我发现这个案件波及的范围远远超出我们的想象。首先，它先从四川开始，然后到了中石油系统，再到了政法系统。您怎么看待这种腐败行为的蔓延？

江平：我们查他的背后，实际上石油系统也好，四川的地方系统也好，后来的政法系统也好，都操纵在一个人的手里。在这种情况下，如果这个领导人本身作风有问题，他的腐败的手插入这个行业，必然也会插入另外一个方面。也就是说，他所掌握的这个系统，除了中石油，除了四川，还包括中央政法机关里面的力量。那么我觉得，查处这种腐败现象，一种中国特有的情况，就是要查处这个人的问题，就必须和他所在的部门联系起来追查。

罗昌平：蒋洁敏的案件出来以后，又有一些中石油系统的高管被查处了。您怎么看待一个利益集团被查处的情况？针对这条线上的反腐，有怎样的特征？

江平：我觉得这次对中央国企开刀是一个亮点，这表明中央下了决心。因为大家都知道中央国企里面的问题很大，但是非常难以触动，因为一动的话就会动到他的父母身上，或者动到一些有重要影响力的人上。我们都知道中石化是谁在操控的，哪个集团在那儿控制的。

罗昌平：2013年查处与移交的中央直管的官员达到31人，这个数字差不多是以往的一倍。您认为在2014年或者在未来的一段时间，它还会保持这个趋势吗？可能会有一些什么样的变化？

江平：我认为现在这种势头会继续下去，可能还会继续扩大，向更深入的方面去发展。也就是我们常常说的，这个"老虎"恐怕不仅仅限于中央政治局委员了。任何人，不管位置有多高，都应列入反腐倡廉的范畴之内。

[按语] 习近平总书记讲到"苍蝇""老虎"一起打。我想我们现在更多看到的是"苍蝇"或者是像"老虎"一样的"猫"。真正的"大老虎"可能现在还没有被打。我们希望能看到的不只是打"大老虎"。我们也要看到制度方向的建设，是对基于现在的既得利益腐败已经成板结的这种状态进行根本性的改变。

罗昌平：我跟省、市、市以下地方的一些官员做了交流，他们说现在有种说法叫"官不聊生"，是因为中央推行"八项规定"以后，对他们的影响挺大的。您怎么看待这样的制度？

江平：我觉得这个才刚刚开始，如果现在官都觉得"官不聊生"了，那他干脆就别当官了。这样的一些东西都限制不了，那他为什么要去当官呢，人们就会怀疑了。中国这么大，地方有这么多官员，这么大的面积，这么多的人，要真正触及基层还早着呢。所以，我觉得这些东西应该作为我们考量一个官员为什么想当官，他的目的何在的方式。我们现在有很多人仍然是以做官能够得到利益，得到实实在在的好处作为他的荣耀，这个是很危险的。

罗昌平：其实在过去的一年，微博反腐、网络反腐也非常热闹，也包括我当时实名举报刘铁男的事件。您怎么看待民间反腐与网络反腐？

江平：自下而上有一个好处，就是我们能通过网上公开的举报反腐，有时候这种公开的举报不一定是具体的东西，不一定那么明确、准确，因为老百姓对于贪官的贪污事实能掌握多少？我们不能够要求群众的检举都很准确，但是我们大概可以看出来，群众举报最多的那个人肯定是有些问题的。再一个问题就是，群众作为反腐检举的威力所在。或者对贪官来说，他们最怕的还是群众性的检举，因为群众性检举可能使他无处可藏。

[按语] 在2013年被查处的17名省部级官员中，有两名是来自于民间的反腐力量推动的。一个是衣俊卿，另外一个是我所举报的刘铁男。我想这是从来没有发生过的情况。我相信，官员系统也应该有这个心理准备，就是以后来自于民间的反腐力量会越来越强大。它很有可能跟体制内的反腐形成合力。我相信，这就是未来的趋势。

罗昌平：比如说，蒋洁敏就是在离任审计中败露的，当然还有我们所规定的法内的监督，比如说检察院反贪局形成的监督。怎样看待由中纪委来主导的这样一个反腐的组织结构？

江平：我想一个人在岗位上的时候，是很难查出他的问题的，只有挪开岗位之后才好办。先调离，然后审计，接着发现问题，这也是一个解决腐败的重要途径。过去上级的纪检机关指令下级机关去交办一些案子，往往下级的机关处理不力，很重要的一个原因是它必须首先取得当地党委的同意。但下级机关主要听谁的呢？是听上级纪检机关的，还是听当地党委的意见？这就是一个体制的问题。在这种情况下，必须坚持纪委基本上应该是垂直领导。下级纪委应该服从上级纪委的意见，不能以当地党委的意见为主要依据。因为我们知道，中国的官场有一种习气，就是任何一个地方，它都不希望暴露出来很多这个地方的问题。地方喜欢"捂盖子"，总希望不要暴露太多的问题。从这个意义上来说，这一机制（中纪委主导的反腐的组织结构）的改革作用是很大的。

罗昌平：您是否担心，如果中纪委进一步扩权，达到一个权力顶峰，谁来监督它，它会不会成为又一个政法委？

江平：这个问题实际上是存在的。现在我看到的一个很重要的渠道是举报，现在中纪委也暴露一些有关自己的工作人员存在的问题。我觉得，应该说中纪委也必须有人对它的权力运行进行监督。

罗昌平: 关于亲属利益回避的制度，这些方面可能还要做很多工作。

江平: 为什么在中央企业里面容易形成窝案，原因在于央企往往福利高，待遇优厚。有人说，在这样的企业里，可能一个扫地工人的工资也相当高。为什么？因为它这种垄断性的利益除了向国家上缴很小一部分之外，其余都是在内部消化。这样一来，就形成了比较大的一个利益集团。如果出现了问题，倒不是说每一个人都得到好处，但是，它的这种福利分配的制度造成一种现象，每一个人只要在里面占据位置，就能够得到利益。一旦出现问题，往往容易相互包庇。用这样一种很高的福利待遇来收买人心，得到一些利益的包庇，从这一点来说，窝案就比较容易发生。我觉得，我们加强对于中央企业的反腐，关键就是中央企业内部的福利有点过高，不太符合中国现在这种情况。因为企业利益是垄断的。

［**按语**］这种对于央企中既得利益集团的开炮，我相信一定还会继续。但是，我们不可能停留在个案上的突破，否则，既得利益会随时进行反扑。所以，需要对于既得利益有一次颠覆性的反腐，有一次颠覆性的制度创新。

罗昌平: 比如官员财产公示制度，似乎目前也没有一个明确的动作，您怎么看待这一类的反腐举措。

江平: 官员财产公布，我始终觉得这是一个很复杂的问题。如果搞不好，官员财产公布实际上是一个形式。因为现在很多官员的财产实际上已经不是登记在自己的名下，而是登记在子女、亲属名下。那就应该有一些办法来界定他的子女的财产是不是和父辈的行为有关系。比如说，他的子女的财产可能上亿元，是靠了父辈的关系拿到了项目。那这个就很难说。目前很难查到官员的子女方面的财产信息，如果把子女和父母的财产合并起来计算，又没有道理。子女是子女，有独立的人格。

从法律上来说，他有独立的民事行为能力，他完全可以自己挣得财产。所以从这一点来说，我觉得中国目前还没有一个非常好的办法。另外还有一个复杂的问题，这样的财产到底公开到哪一级，如果仅限于政府的部长这一级，那太狭窄了。

罗昌平：您认为应该到哪一级？

江平：这就很麻烦了，你要说到了处一级，那等于说连县长的财产都要公布。可是中国有的地方并不是这样，比如乡长，广东有些乡政府官员的财产是很庞大的，当初因为走私或其他原因，他的财产数额也相当巨大。这些问题怎样来公布？我觉得早晚应该有一个办法，但是仓促制定一个办法不会很周到，又没有监督的措施，那还不如稍微放晚一点，放缓一点为好。

罗昌平：您有没有一个大概的时间表？您认为公开到哪一个级别比较好？

江平：在中国，公布到哪一个级别是一个非常复杂的问题，总的来说，我希望在5年之内解决这个问题，应该比较合适。

08　再谈法治中国*

《财经》: 2003年初，三位先生畅谈"法治中国"，对中国当时面临的问题进行了深入剖析，指出法治是未来改革的关键所在。10年过去，中国告别了上一个政治周期。在你们看来，过去10年中国在法治方面有哪些进展，存在哪些不足？

江平: 立法方面有所前进，行政体制改革也有些成效，在政治透明度、行政复议、行政诉讼、行政许可法方面都有一些值得称道的东西。

但是，在人权保障、选举制度，还有新闻、出版、结社自由等公民政治权利的法律方面，过去10年没有很明显的进步。司法体制最明显，有些方面甚至出现倒退。

张卓元: 这10年里通过了一些新的法律法规，包括《反垄断法》《企业国有资产法》《物权法》等，对于市场经济的完善具有重要作用。不过，目前中国还没有建立起完整的法治体系。第一，有些法律不健全，如《企业国有资产法》仅仅涵盖国有企业的经营性资产，企业的非经营性资产、国有自然资源资产、金融资产等方面都还没有立法。

---

　　* 本文为江平、吴敬琏、张卓元三人畅谈法治问题的对话，原载《财经》2013年第9期。

《反垄断法》没有对行政垄断做出规定。第二，司法公正没有得到切实的保证。

吴敬琏：从市场经济的角度看，中国目前的经济体制存在的一个重大缺陷，就是市场的产权制度基础是不清晰的。由于土地产权制度缺陷，市场主体不能得到法律的保护。

例如，各级政府以极低的价格大量征用和占用农民土地，然后批租给工商企业和房地产开发商，从中牟取巨额土地出让金，而农民的利益没有得到保障，从而酿成了许多群体性事件。另外，虽然党代表大会要求平等保护物权，但是民营经济没有得到平等对待，公民的合法财产没有得到应有的保护。

《财经》：法治存在问题，市场也不可能完善。其实这两者也是互相制约的，尤其是法治不健全，对市场的不完善也起了很大的阻碍作用。

吴敬琏：这是显而易见的。正如现代经济学告诉我们的，市场化改革不能孤立地进行，或者如邓小平所说："不搞政治体制改革，经济改革也难于贯彻。"市场制度的运行需要其他方面的制度支持，其中最重要的就是法律制度的支持。

由于市场经济的法治基础尚未建立，各级政府握有支配土地、资金等重要经济资源的巨大权力。政府官员对于涉及企业微观经济活动的决策持有很大的自由裁量权，而且近年来有日益扩大的趋势。他们通过直接审批投资项目、设置市场准入的行政许可、管制价格等手段，对企业的微观经济活动频繁地进行直接干预。行政力量配置资源的能力和手段大为强化，而市场配置资源的基础性作用则遭到削弱。

20世纪末，中国初步建立起的市场经济是一个很不完善的经济体制。一方面，它背负着大量旧体制的遗产；另一方面，即使已经建立起来的市场体系，也还处于粗陋的原始状态，现代市场经济的若干重要架构还没有建立起来，仍然是一种政府起超强作用的市场经济。

也许正因为如此，2003年中共十六届三中全会通过了《中共中央关于完善社会主义市场经济若干问题的决定》，要求在一些重要领域继续推进改革，以便在进一步完善经济体制的基础上充分发挥市场在资源配置中的基础性作用。

10年过去，政府和国有经济虽然已经不再囊括一切，但还是牢牢掌握着国民经济的一切"制高点"，主宰着非国有经济的命运。中国形成了一种政府管控下，或称政府"驾驭"下的"半统制、半市场"的混合体制，不是依照法律，而是按照党政机关的"红头文件"和领导的"批示"行政。

张卓元：这些年一直在喊转变政府职能，可是南方某省的一个民营企业家要建一个港口，跑手续竟然要盖400多个章！现在最大的问题是，政府太强势，政府控制资源太多，对市场的介入太深。政府，特别是地方政府过多地介入经济活动，主导资源配置，一些服务业在市场准入中存在"玻璃门"、"弹簧门"，政府对生产要素和资源产品价格管制太多，在诸多行业和领域阻碍、制约民营经济做大做强的垄断因素也不断凸显。

十四届三中全会所设想的市场经济体制，是让市场在资源配置中发挥基础性作用的体制。十六届三中全会重申这一点，提出转变政府的经济管理职能。可是现在资源配置最重要的是政府，地方政府书记是董事长，市长当总经理。这与十四届三中全会、十六届三中全会的要求不相符，甚至完全走了样。

江平：我同意"半统制、半市场"的判断。虽然这10年中国经济增长很快，但是体制改革并没有什么进展，基本上是吃过去改革的老本。权力对市场经济的干扰、侵害是非常严重的。

有些人从世界金融危机中得出一个结论，认为中国之所以没有受到危机的太大影响，就在于中国有很强大的国家控制。我认为这是一个错误的结论，如果以此来认定中国特色道路，以为中国特色就是国家更多地干预，我不赞成。现在世界上最自由的市场国家也有政府干预，关键在于先后顺序要摆正。

记得2003年通过《行政许可法》时，我抱有很大希望。《行政许可法》的一个重要理念是，凡是市场自己能解决的，由市场去决定；市场不能够解决的，由中介组织解决；只有市场、中介组织解决不了的，国家才能介入。但是现在看来，中国社会又逐渐恢复到国家干预过多的局面，办一件事要经过许许多多机构的批准。如果不能够确立"先市场、后社会、再政府"的正确顺序，那么中国的经济体制就不可能完善。

《财经》：问题的症结在于，中国的治理传统中存在着一种迷信行政力量的倾向，出现社会经济矛盾时，首先想到的解决办法往往是加强政府的干预和控制。这种思想至今仍然有很大影响。一些人会说：现在腐败这么严重，难道不应该通过加强干预来抑制腐败吗？

吴敬琏：10年的经历表明，答案只能是否定的。扩大政府官员的资源配置权力和对民间活动的干预权力，只能扩大寻租活动的制度基础，助长腐败。早在改革开放初期，不少党政领导人已经认识到腐败的危害性，并且采取了道德号召、党纪国法惩治等措施加以遏制。但是在权力不受约束的情况下，效果并不明显。

2000年，中共中央纪律检查委员会的领导人受到经济学家关于寻租问题讨论的启发，提出"权力不正当运用是腐败的源头"，"改革行政审批制度对预防和治理腐败具有重要作用"。当年12月，十五届中央纪委第五次全会正式做出决议，加大从源头上预防和治理腐败工作的力度。其中首要的重点就是改革行政审批，规范行政审批权力。接着，国务院也设立了行政审批制度改革工作领导小组办公室。据2002年中国政府的报告，国务院65个部门在3年中一共清理出各类行政审批项目达4159项，由此可见行政许可之多、之滥。其实，公布的数字本身就有不少"猫腻"，2004年初宣布这项改革"取得阶段性成果"，风头一过，行政审批很快就死灰复燃。

2003年颁布《行政许可法》是约束行政权力的一项重要措施。自由选择从事经济和社会活动，本来是公民天然具有的权利。所以，在现代国家，对公民行为选择的基本原则是"非禁即行"、"非禁即入"，只要没有法律的明文禁止，公民有权从事任何自己所属意的活动。

《行政许可法》禁止随意设立行政许可，这是一个事关保护公民基本权利和端正政府行为的重要法律。遗憾的是，它没有得到严格地执行，而且从一开始实施就有不少"但书"，保留了原有的投资等行政许可。特别是2003年末出现经济过热问题以后，政府赋予发改委很大的审批权力，进行"有保有压"的微观干预，使行政许可大有全面实施之势。

江平：当今中国面临公权和私权的冲突问题。公权和私权冲突在计划经济时代是不突出的，那个时代只有"个人利益绝对服从国家利益"，在国家利益绝对权威下，谁还敢提私权？公权和私权的冲突在西方国家自由经济状况下也不突出，因为在市场行为中，国家干预的范围和程度都比较小，且法律对国家行为行使的程序有严格的规定，私权救济的手段也相当充分。

在中国现今的社会状况下，一方面公民的私权越来越多，权利意识越来越强烈；另一方面又保留了政府干预的巨大空间，公权和私权必然要发生碰撞，甚至是激烈的碰撞。在这种情况下，就要通过改革，减少公权力在社会生活中干预的作用和干预的分量，而不是扩大公权力。

张卓元：中国贫富差距不合理主要是由于权力的腐败。有人说，目前中国贫富差距关键是因为私有经济占比太大。这种说法是不对的，日本、德国、美国私有经济的比重不知道比中国大多少，可是基尼系数比我国低，怎么来解释？

建立市场经济就要清晰界定政府和市场的界限，凡是市场能有效做好的就交由市场去做。政府应当主要做好经济调节、市场监管、社会管理和公共服务，特别是致力于创造并维护一个良好的市场环境。政府应是一个公正的裁判员，而非集裁判员和运动员于一身。但是由于政府没有实现职能转换，还存在许多扭曲，经济调节"越位"、市场监管"缺位"、社会管理"错位"以及公共服务"不到位"的问题依然存在。

《财经》：这种政府主导下的"半统制、半市场"的混合体制却得到了一些人士的赞赏。他们将其称为"中国模式"，认为中国经济之所以高速增长，就在于中国具有一个以强势政府和国有经济对社会的强力管控为基本特征的政治和经济制度。

吴敬琏：这种模式不值得夸耀。相反，它所产生的问题愈来愈严重，应该正视。由于政府一方面拥有支配资源的大权，另一方面又缺乏有效的制衡，政府介入微观经济活动的过程中，行政权力利用干预市场活动的机会进行寻租活动是不可避免的，因此腐败蔓延开来。

从20世纪80年代中后期开始，就有不少学者对中国寻租腐败的规模进行跟踪研究。他们提供的具体数字有差别，但是他们共同的结论是：由于寻租的制度基础庞大，腐败的规模是十分惊人的。例如，经济学家王小鲁估算，2005年全国灰色收入规模达到4.8万亿元，2008年则达到5.4万亿元，租金总额占GDP的比率高达20%~30%。由于权力能够带来财富，腐败还从经济领域蔓延到政治领域，"卖官"、"买官"现象触目惊心。

腐败猖獗造成的另一个严重的社会后果是社会贫富分化加剧。一方面，少数掌握支配资源权力的贪官污吏和有寻租门道的人能够凭借权力暴富；另一方面，普通劳动者，特别是一般农民不能充分地分享改革和发展的红利。

江平：最大的腐败还是权力腐败。本来不应该国家干预的，国家干预得太多，这是造成腐败的非常重要的原因，也是这些年群体性事件爆发的根源之一。党政权力对社会的强力控制，不仅产生经济腐败、政治腐败，也产生司法腐败。

特别是2008年世界经济危机发生后，因为有强大的国家干预，中国遇到的困难要少一些，政府不仅没有很好地认识到"中国模式"的问题所在，有时候甚至过分强调国家干预的作用，有意无意地扩大了公权力的作用，这是危险的，也是和法治理念相背离的。

中国的现实是私权受到公权侵犯的情况更多。因此法律要更多地保护私权，特别是要防止私权受到公权的侵犯。与此同时，要加强对公权力的监督和制约，这是法治的基本要义。

张卓元：公权力缺乏有力制约是一个大问题。许多法律得不到真正执行，特别是涉及土地的很多法律法规，最大的违法主体是地方政府，可是哪个地方政府受到了法律的制裁？还有，环境保护的法律规定很严格，可是没有经过"环评"就上马的企业比比皆是。有些地方官员为了GDP不顾一切，哪怕黄沙漫天、寸草不生。

《财经》：各种矛盾的逐渐积累，还有些什么原因？

吴敬琏：具体的原因多种多样，但归根结底是一条：政府不受约束的权力不但没有得到削弱，反而不断加强，不断使社会矛盾激化。

和一切社会演进一样，经济改革、政治改革如逆水行舟，不进则退。

1997年的十五大要求国有经济进行"有进有退"的战略性布局调整，明确国有经济只需加强对少数关系国民经济命脉的行业的控制。

20世纪第一个10年间，能源、电信、石油、金融等十几个重要行业的国有垄断企业的改革没有继续下去，反而不断强化其"绝对控制"和"较强控制"的垄断地位，还出现了"再国有化"等开倒车现象。政府对企业微观经济活动的行政干预没有减少，反而加强。法治国家、民主政治进展也十分缓慢。

由于改革的停顿，中国经济发展的不平衡、不协调、不可持续等问题和社会矛盾愈演愈烈。

张卓元：目前，一些国企最严重的问题就是行业垄断。尽管国务院两度推出"非公36条"①，但没有取得实质性进展。由于某些权力部门的存在甚至强化，导致行政垄断未见削弱，反而扩张；不仅使国企改革进展缓慢，反而出现了局部领域"国进民退"的势头。这与市场化改革方向渐行渐远。

江平：一个时期以来，司法改革实际上是倒退的。过去认为法院严格按照法律来判决，就是体现了党的领导，因为法律本身是共产党领导制定的。现在强调政法委员会对法院的绝对领导，这就走向了另一个倾向。

因为如果法院按照政法委员会的指示来办事，法院就完全失去了独立性，大大改变了《宪法》第一百二十六条的规定："人民法院依照法律规定独立行使审判权，不受行政机关、社会团体和个人的干涉。"

《财经》：过去10年间社会上改革的呼声高涨，不同社会阶层都在呼吁改革，为什么改革却难以取得进展呢？

吴敬琏：伴随着中国改革进程，社会利益结构也在不断地分化、重组，新的利益群体、利益阶层和利益集团不断产生。其中有一批人趁政府官员拥有支配资源的巨大权力和这种权力没有受到严格制

---

① "非公36条"即《国务院鼓励支持非公有制经济发展的若干意见》，分别于2005年和2010年两次颁布。——编者注

约的机会，通过寻租活动发财致富，使权钱交易成为一种相当普遍的现象。

可以说，正是由于政治体制改革滞后，产生了这种特殊利益集团，特殊利益集团形成后，又成为政治体制改革的巨大阻力。

从思想方面说，执政党内许多人认为，高度集中的苏联式的政治体制乃是社会主义的天经地义，必须无条件地坚持。

江平：确实，一些人至今仍然死守着"党领导一切"的绝对概念。这与邓小平改革开放初期的要求是不相符的，那时小平同志特别强调"党政分开"，党在政治上领导。可是近年来越来越强调，人大要在党的绝对领导之下，甚至法院也要置于党的绝对领导之下。

还有很重要的一个原因是，在中国的政治生活中发生了一些事，特别是在许多地方出现了一些群体性事件，而且数量越来越多。在群体性事件的压力下，没有进一步改革，反而变得保守。不是"法治压倒一切"，而是"维稳压倒一切"，这是很可怕的，因为它把维护现有的秩序作为最大前提。

张卓元：改革越来越难，越往后推越难，为什么？既得利益固化。中国多年经济繁荣形成的既得利益群体在不断发展壮大和固化，这个群体能量很大，已成为阻挠和反对深化改革的不可轻视的社会力量。2003年我就开始呼吁征收房产税，10年过去没有下文，因为许多官员反对，他们都有多套房产，个别人甚至有十几套、几十套。

转变政府职能，改革审批体制，就会触犯许多有审批权力的官员的既得利益，权钱交易会受到很大限制。推进垄断行业改革，允许新的厂商进入竞争，就会侵犯垄断行业职工，特别是中高层管理者的既得利益，他们高于其他行业数倍的收入必然受影响。

《财经》：正是由于社会矛盾不断积累，改革又停滞不前，各种各样的主张开始出现，甚至一些极端主张也得到不少人的赞成和拥护。

重庆"薄熙来事件"就是在这样的大背景下出现的。

江平：重庆"薄熙来事件"说明，中国存在极"左"的思潮。把"唱红"当政治运动来搞，不惜代价，"打黑"更是动用刑讯逼供等非法手段，运用政治运动方式打压那么多的人，实际上已经是侵犯人权、以罪入人。

可是有一批人赞赏这种做法，就像顾准所指出的，在一个神圣的目标下面可以采用一切非法的手段。历史上有沉痛教训啊。

现在，薄熙来问题虽然从政治上解决了，但是还没有真正清算这股社会思潮，尤其需要从体制上去反思，为什么产生这种现象？

张卓元："薄熙来事件"的核心问题是，要不要坚持十一届三中全会以来的改革路线。

吴敬琏：正像前面讲过的，进入21世纪以来，改革的停顿使中国经济发展不平衡、不协调、不可持续的问题日益突出，而腐败蔓延、贫富差距拉大等社会矛盾也趋于激化。

人们对于如何应对挑战开出了很不相同的"处方"，概括起来有两种"方向之争"：一种意见是继续沿着十一届三中全会以来的改革开放路线向前进，推进市场化、法治化、民主化的改革；另一种意见是市场化、法治化、民主化改革的倒退，强化政府对于整个社会的管控，强化政府和国有企业的资源支配权力。后一种主张，实际上指向政府控制整个经济社会发展的国家资本主义。而在中国的条件下，国家资本主义恐怕很难避免滑向"权贵资本主义"的泥潭。

在当今的中国，如果不能采取果断的经济和政治改革措施来制止权贵对国库和各阶层人民的掠夺，缓解社会矛盾，某些枭雄式的人物就可能利用这种情势，用"打土豪、分田地"一类极端"革命"的口号，误导深受压榨因而热切希望获得公平正义的大众，把他们引向逆历史潮流而动的歧途，使建设现代中国的进程被迫中断。

第四辑

建立法治市场经济

01 法治经济：市场自由的法律由市场决定[*]

党的十八届三中全会《决定》专门有一部分讲到"依法治国"，我想，这里讲的是政治体制改革要"依法治国"。从经济体制改革或者经济转型来看，其中也包括了"依法治经济"的理念。我们可以看到十八届三中全会《决定》里面对于依法治经济，也就是所谓的法治经济，做了明确的规定。怎样理解法治经济？我觉得，法治经济至少应该包含四个问题。

第一个问题就是处理好改革和法治的关系。也就是说，在重大改革问题上应该于法有据。从1978年至今，改革已经进行30多年了，应该说，每一阶段的改革都有一个很关键的问题，就是怎样处理好改革和法治的关系。改革在变化，市场在变化，而法律是不变的，怎样在变与不变之间处理好这个关系，这就有一个很微妙的考虑。法律相对保守，而改革总是进步的，所以，在进步和保守之间，怎样处理好这个关系，也是需要解决的问题。

---

* 本文根据作者在2013年11月25日新浪金麒麟论坛"梦想之路：改革深化和经济转型"上的发言整理。

　　在改革和法律的关系上往往会出现两种情况，一方面，我们只注意改革而忽视了法律，忽视了法治，所以就造成破坏法治的局面。另一方面，如果我们拘泥于法律，没有法律就不进行改革，又可能造成法律限制改革、阻碍改革的局面。改革初期，我们的法律还很不完善，甚至可以说基本上是空白。在这种情况下，我们对改革和法律的关系的处理比较简单，是"摸着石头过河"。我们先制定法律，同时也进行改革。总体来说，当时法律和改革的矛盾相对比较简单。但是到今天，情况就不一样了，改革已经进入"深水区"，而在"深水区"阶段，我们的法律已经比较完善了，基本上在经济领域的各个方面都有比较完备的法律。那么，在现在的情况下，怎样处理好改革和法律的关系就需要我们谨慎地思考。

　　改革初期，我们可以授权国务院，由国务院制定法律规章来解决改革和法律之间的矛盾。但是到了今天，这个办法已经引起人们很大的不满。例如在制定财税制度上，我们仍然不能授权国务院，如果在任何形势下都由国务院来规定税种、税率，那么就破坏了法律的严肃性。

　　在现在的情况下，一个重要的思想就是在重大的改革问题上必须于法有据。如果在重大的改革问题上于法无据的话，是没法向人民交代的。所以，我们必须健全修改法律的制度。我们现在缺少一个科学、完善的修改法律的程序。可以预测，在改革的过程中，我们必然会突破一些现有的法律，那么怎样修改呢？过去的办法是由国务院法制办公室在一定阶段内清理整顿法规。所谓清理整顿法规，就是把已有的法规里面已经过时的条款废除，但是并不是所有法规都要废除。这是我讲的第一个问题。

　　第二个问题就是处理市场和政府的关系。处理好政府和市场的关系，关键在于政府职能转变要有法律依据。这次三中全会的《决定》里面对于政府和市场的关系做了一个很准确的定义，那就是市场在资源分配中应当起到决定性的作用，把过去我们所提到的"基础性的作用"改为"决定性的作用"。从这一点来看，政府的作用应该是次要的，主要应该由市场自己来决定。过去在处理这个问题上有一部《行政许可法》，《行政许可法》规定了政府在市场准入方面的作用。记得里面有一个重要的精神，就是能够由市场主体自己解决的，应该由市场主体自己解决；市场主体不能解决的，应该由社会组织来解决；只有当市场参与者与社会组织不能够解决的问题，再由政府许可进入，这无疑体现了市场的决定性作用。但是我们可以看到，直到今天，《行政许可法》的实施情况还不理想，政府仍然掌握强大的行政许可的权力。如果不解决这个问题，制定再多的法律，矛盾也依然存在。

关于政府和市场的作用应该从两个方面来看。首先，政府在市场中起到的作用是宏观调控，微观领域应该由市场自己来决定，例如价格的确定等等，都不应该由政府控制或垄断。这次三中全会《决定》对于政府的宏观调控做了非常明确的规定。应该说，政府的宏观调控作用就是政府对市场干预的最主要方面，这些方面都应当有法律的依据，超出这个范围，政府的行为就是违法的，应该把哪些政府行为是违法的，哪些行为是合法的，用法律形式明确起来。

其次，政府干预市场很重要的一个方面是政府对于市场自由和市场秩序的态度。市场的法治本质上是由两个方面来决定的，一个是市场自由的法律，一个是市场秩序的法律。市场自由的法律应该由市场自己来决定，不应该由国家来干预，而市场秩序的法律只有靠政府才能够实现，市场参与者很难靠自己解决市场秩序。从这一点来说，政府对于市场秩序具有义不容辞的责任和义务，这一点也应该明确。

我们国家现在的市场秩序还相当混乱，我们在世界上的排位还很靠后。所以，怎样解决好市场的秩序，政府应该担负起这个责任。但是，实际上政府更多关心的是资源配置、市场准入和一些其他的活动。在这些方面，政府都有很大的利益可图，而管理市场秩序很容易得罪人，所以实际上政府往往回避这个问题。比如环境、生态、产品质量这些问题，应当由政府严格控制。

第三个问题是处理好市场内部的三个关系，并且用法律更明确地规定下来。市场需要统一，而统一市场的法则就是公平竞争，如果离开了公平竞争就没有市场规律，也没有市场法则，平等竞争是最关键的问题。三中全会《决定》提到了三个"平等"，第一个就是"国有企业和民营企业的平等"，这个问题已经不止一次在经济学界和法学界里面引起争论。现在的国有企业和民营企业确实处于不平等的地位。比如资源享受方面，国有企业用地是划拨的，不出钱，而民营企业的土地由国家出让才能取得。在贷款等其他方面仍然没有做到平等，尤其是在经济领域的开放方面，更是形成了这个局面。在这个问题上，三中全会提出要开放很多的领域，允许民营企业进入，关键在于怎么落实。过去国务院通过了几次决议，都没有落实给予民营企业平等的地位，那么十八届三中全会通过的《决定》能不能改变这个不平等的局面，让我们拭目以待。

第二个平等是"城乡的平等"，城乡平等最根本的问题是土地问题。国有土地和集体所有的土地也是不平等的，集体土地没有跟国有土地完全做到同地、同权、同价。这个问题必须解决，不解决的话，会大大挫伤农民的积极性。所以，我们提出处理好城乡的关系，提到了统一市场，提到加速集体所有土地的流通，但是具体的措施仍然有待观察。

第三个不平等就是"内资和外资的不平等"。三中全会的《决定》里面也提到这个问题，实际上我们国家最早制定的三个外资企业法律，《中外合资经营企业法》《中外合作经营企业法》和《外资企业法》，应该说都存在着不平等，包含着对待外资的优先原则。现在我们有些地方引起了外资的一些不满，认为我们收紧了鼓励外商投资的政策。

所以，这个问题也是需要解决的。我们的《公司法》明确规定了外商投资企业适用于本法的可以适用，外商投资的企业另外有规定的可以按照另外的规定。但是，在这个问题上我们始终没有一个很明确的解释，我们的《公司法》在哪些方面适用于外商投资企业，哪些不适用，这也造成了很多模糊的情况。所以，在造成这三个不平等的法律方面，不仅要进行修改，有些地方还要进行一些新的法律起草工作。

最后的一个问题就是处理好市场纠纷的关系。应该说，现在发生市场纠纷的领域越来越多，也越来越广，市场纠纷的解决渠道有两个，一个是仲裁的渠道，一个是法院的渠道，而法院渠道就是最重要的渠道。这次《决定》里面对司法体制改革做了比较明确的规定，尤其是对去地方化和去行政化两个方面做了明确的规定。对于独立行使审判权、独立行使检察权也做了很坚决的规定。这些问题我就不再多说了。但是，有一个问题应当说明，就是法院在执行程序方面出台了一个很有力的措施，这个措施是什么呢？就是在执行程序方面，把那些有钱但逃避执行的企业名单公之于众，这个措施本质上涉及诚实信用的问题，这是一个根本的问题。如何执行法院的判决结果，很关键的一个问题是信用的问题。

在这个问题上，西方国家的态度始终是非常认真的，债务人的信用是一个社会的信用基础，如果他借钱不还，那就表明信用缺失。如果在法院做出判决之后仍然不还，那么从法律上来说，这就是一个很严重的问题了。欧洲国家的法律以罗马法作为起源，罗马法规定如果一个人借人家的钱三次不还，就可以剥夺他的人格，从自由人降为奴隶。我想，这是对于缺乏信用的人很明显的警示吧。其他法律不仅有降低人格的规定，还有限制人格的规定。如果某个人总是借钱不还，那么可能限制他从事某种工作，担任某种职务的资格。实际上，我们现在也要采取一些这样的办法。比如，如果借了钱不还，就可以限制出境，限制高消费，限制其他方面的活动。

　　现在，法院需要把这样一种信用资格的规定和银行系统联系起来，也就是银行建立一个资信信息网，一旦某人进入这个信息网，那么他再到银行去借钱，银行就可以拒绝他，因为他已经丧失了信用。我想，这种办法能够大大改善过去信用不足逃过法网的弊端，在这个意义上，应该说对于信用不足的制裁力度有所增强。

　　从上述四个问题来看，市场经济和法治是紧密联系在一起的。这就是我今天所讲的内容，有不对的地方请大家指正，谢谢大家！

02 国企最危险的是变成"私人金库"*

很高兴参加咱们的论坛，我主要谈一下国有企业风险管理的问题，因为国有企业风险管理涉及很多方面，我主要从现在国有企业所揭露出来的问题——腐败现象——来看我们的风险管理。从大型国有企业的腐败情况来看，国有企业最危险的境况就是它实际上变成了国有企业管理人的私人金库，它可以从国有企业财产里随意支配，这是非常大的危险。如果国有企业变成了私人的金库，那么国有企业、国有财产的流失情况可以想见。那么怎么来解决？党的十八届三中全会《决定》当然提供了重要的方向，那就是混合所有制。但是现在发现，混合所有制的反响也很不一样，在民营企业界里面的反响并不太好，所以如何使混合所有制得到正确的贯彻实施，这个现在需要我们很好地研究。如果我们能够解决好国有企业，尤其是上市公司的股权结构，这可能是解决国有企业上市公司风险管理的重要途径。我认为必须具备四个条件才能搞好混合所有制：

第一，搞混合所有制，民营企业进入国有企业持有股份，必须基

———————
 * 本文为作者在2014年第五届中国上市公司风险管理高峰论坛上的演讲。

于自愿原则，绝对不能够强迫命令，这是最基本的原则。因为市场经济很重要的原则就是自愿原则，你不是自愿的，你是被迫的，那算什么。如果我们回想起过去山西的民营煤矿，把它们关了，然后把民营煤矿合并到国有煤矿里面入股，实际上是一种剥夺民营企业的财产权的措施。这是很可怕的。因为本来民营企业在自己企业里拥有完全的自主权、决策权，一进入到国有企业里，只占了很小的比例，按照这样的情况，就丧失了所有的权利。所以民营企业愿不愿意进入国有企业成为混合所有制，必须是他自愿。如果是基于强迫命令的，那根本不可能发挥混合所有制的积极作用。

第二，我觉得很重要的是，民营企业在国有企业成为混合所有制以后，它的比例如何安排，这就包括一个设计的问题。据我所知，我们现在的国有企业里面也有民营企业入股，这种情况很多。但是，这样的民营企业入股，实际上起的是陪衬、点缀的作用，没有起到它真正作为民营企业入股、在机制方面发挥优势的作用。如果民营企业进入国有企业成为混合所有制，我觉得它的比例不能太少。总不能搞一个1%、2%比例的混合所有制，因为1%、2%没有起到实质意义上的参股的作用。能够做到10%甚至20%左右，应该说可以使民营企业在管理中起到补充作用。在国有企业管理中起到补充作用，这点很重要。国有企业有国有企业的优势，民营企业有民营企业的优势，如何把国有企业中有助于发挥民营企业的优势结合起来，这是一个很重要的关键点。如果能够把民营企业经营的灵活性，以及它在管理机制方面的灵活性表现出来，应该说是一个很好的现象。所以民营企业应该按照一个比较合适的比例参股，这才能起到混合所有制的作用。

第三，我觉得非常重要的是，民营企业入股，作为混合所有制的股东，必须保障它的合法权益。这个合法权益就是两个，一个是经营管理的权利，一个是分红的权利。经营管理的权利，真正要是作为一定的比例，当然可以参与经营管理，并担任一定的职务。我觉得现在更重要的是分红的权利。我们知道国有企业过去向来是不讲分红的，因为对国有企业来说，分红也不是分给自己，分红是分给国资委；你要是分红分给国资委，我有什么积极性，我希望所有的积累都不拿去分红，而是用于继续开发建设，所以国有企业在分红方面是没有任何积极性的。而民营企业就不一样了，它在国有企业里面入股，当然要分红。我曾经在北京中信国安上市公司担任独立董事，每次开董事会的时候，民营企业家都喊着要分红，占着绝对大股份的国有股东是不赞成分红的，而且也不分红，长期以来都不分红。所以在这种情况下，民营企业入股就没有积极性了。要让民营企业入股，必须要保障它的分红的权利。国家对国有企业分红有一定规定，分为几类，上缴给国资委。从现在的情况来看，我们的分红机制已经比过去完善了一步。但是仅仅按大类来分，上缴分红的比例，这个做法还不够科学，我们还必须按照每个企业的具体情况，把分配机制完善化，这是我们完善混合所有制非常重要的一个步骤，万万不能忽略。

第四，应该从更大的角度来看混合所有制，就是混合所有制不仅仅指的是国有企业资本、国家资本和民营资本的混合，而且应该再加上职工持股的混合。十八届三中全会也提到了这个问题，讲到国有企业改革机制要实行职工持股。职工持股的问题嚷嚷了很多年，据我的记忆，可能在20多年前甚至30年前，我们就已经提出了职工持股的建议。职工持股在世界上是很普遍的现象，成功的先例虽然有，但是并不是很多。所以如何搞好职工持股，也需要进一步研究。我觉得在上市公司方面，职工持股应该是职工直接持股，不需要再通过任何间接机构、职工持股的机构来代替职工持股。因为在上市公司，职工再多也可以作为职工直接持股，而且职工持股之后也不需要加什么限制，他愿意转让也可以。这样的话，我们通过职工持股的一定比例，又可以促进国有企业机制的完善；最重要的是通过这样一些方式，可以监督、制约过去国有企业的董事长、总经理无限制地扩大权力，这些权力如果不加以制约，将来腐败仍然会继续。所以我觉得实现上述四个目标，对于我们完善混合所有制的改制目标有很大帮助。

这四个条件，第一，真正贯彻自愿的原则；第二，要让民营企业拥有一定比例；第三，要让民营企业拥有合法的分配权益，利益分配权；第四，必须完善职工持股制。这样的话，我相信我们的混合所有制可以更加顺利地进行，谢谢大家！

03 市场经济欠缺法治精神[*]

从中国现在的情况来看，物质方面极为丰富，但是精神财富方面是有所欠缺的。我觉得精神财富的欠缺和市场的建立也有密切的关系。市场已经建立了，但是市场经济的精神却没有建立。什么是市场经济的精神？大一点来说是法治精神，小一点来说是契约精神。大家知道西方国家讲"公民社会"或者"市民社会"，而市民社会里面契约精神是非常重要的。契约精神第一个讲究言而有信，我跟你签订了合同，我就应该诚实地履行。第二个讲究信用，信用应该是它的根本。一个没有信用的市场经济，就是一个非常混乱的市场经济。"诚实信用"这四个字，就是市场经济的核心。

《德国民法典》里面特别讲了诚实信用是帝王条款，什么是"帝王条款"？诚实信用是压倒一切的。如果市场经济里面不讲诚实信用，那一切都谈不了。市场经济就是建立在信用的基础上，从这一点来说，我们要非常重视诚实和信用。但是从中国现在的情况来看，市场经济

---

　　[*] 本文根据作者在2013年12月搜狐网"致敬变革者——我的时代我的国"年会论坛的演讲整理。

里面欠缺的恰恰就是诚实信用，不仅充斥着假冒伪劣产品，在交易等其他方面也存在着欺诈、不守信用的现象。这些问题应该放到一个很高的高度去理解，市场和法治包含两个方面，一个是市场的自由，一个是市场的秩序。在市场里面，我们的一些政府部门更多地关心利益，或者说资源配置的作用。前几天报纸登载，某地政府签订的合同里面有10多亿元的欠债，现在许多地方政府在签订合同之后，该给的钱根本不给，如果政府在市场里面带头起了这样一个作用，那给老百姓的表率是什么？作为市场的主体，政府不履行合同，欠债不还。美国有政府破产制度，比如底特律破产，我们哪个城市会发生这种状况呢？欠10亿元外债，却没有破产制度，法制也不健全。所以法治精神也好，契约精神也好，应该作为道德底线来遵守，这是非常重要的。

　　道德规则实际上是法律规则的重要基础，但是道德规则和法律规则明显是两个不同的规则。过去我们强调道德有两重性，法律只有一重性。全国只能有统一的法律，而不同阶级可以有不同的道德标准，这一点现在已经不过分强调了。我们现在越来越强调社会公共道德，强调大家一致认可的道德标准。应该说，这样一种道德的底线和法律基本上是交叉的，也可以说法律的标准就是以道德作为基础。就像我们刚才讲的诚实信用，本质说来是道德的标准，但是把它上升为法律标准。所以法律标准和道德标准有很多交叉的地方，是可以相互吸取的。

04 国企和民企应在同一起跑线竞争 *

《中国经济周刊》: 经过几年的发展, 您对"市场加法治"这个理念有什么新想法?

江平: 我觉得党的十八届三中全会《决定》体现了市场与法治相结合的趋势。比如, 强调了重大改革不能没有法律作为依据, 这是一个很重要的指导思想。在政府和市场的关系方面, 强调必须依法处理。对于政府职能的界定也很明确, 政府负责宏观调控, 减少对微观事务的干预。在市场平等竞争方面, 强调国有企业和民营企业平等竞争。强调城乡一体化, 国有土地和集体土地同地、同权、同价, 还提到内资和外资要平等。这几项平等, 表明我们在经济领域强调了要切实在同一起跑线上竞争。如果没有这种平等竞争, 市场规律就无法实现。

《中国经济周刊》: 您谈到市场规律主要体现为在同一起跑线上平等竞争。现在看来, 不在同一起跑线的现象依然存在, 您觉得它们的差距有多大? 怎样才能消除这种差距?

---

* 本文根据作者2013年12月接受《中国经济周刊》的专访整理。

江平：差距当然很大，我们总是强调国有企业与民营企业同等对待、同等进入，但是实际上差距很大。以土地为例，民营企业用地得按土地出让的办法，国有企业用地靠划拨，这就差太多了，是很不平等的竞争。

这种差距不可能很快消除，只能逐渐消除。国有企业用地无偿划拨的办法是历史上形成的，已经实行数十年了。而且，过去一些国有企业占用的土地面积是相当大的。要想一下子改变这种情况，按照国有土地出让的办法来执行，那么国有企业绝对会垮台。

逐渐改变这种不平等情况是可能的。国有企业上缴红利，既可以以利润的形式，也可以作为资源利用的补偿，利用矿产资源、石油资源、土地资源等都应该交费。

《中国经济周刊》：有人说，在过去10年，国企日子比较好过，国企改革几乎是停滞的。现在因为经济有下行风险，国企改革重又提上议事日程。十八届三中全会也提出国有企业分类改革的思路。您觉得国企改革的突破口在哪儿？

江平：国有企业改革的突破口在于把垄断性经营（现在叫特许权经营）逐渐放开，属于国家垄断性经营范畴的应该只限于某些关系国计民生的领域，而资源配置方面应当是平等的。为什么石油开发就只能由国有企业去开发，民营企业就不能利用石油这个重要的资源呢？这本身是不合理的。

在中国目前的情况下，似乎我们还是更相信国有企业，认为国有企业信用度比较高，产品质量比较好，这是观念意识上的差距。若干年以后，民营企业也有了自己的基础，品牌价值、信用度越来越高，就会形成真正的竞争局面。竞争局面是一个国家进步不可缺少的要素，如果所有领域都被垄断了，就没有进步可言，只有充分发挥市场竞争的作用，才能出现更好的东西来代替落后的东西。

《中国经济周刊》：您谈到政府职能应该有明确规定，不能像过去那样大包大揽，而是要做"有限政府"。那么，"有限政府"应该从哪些方面打造？怎样让政府把手里既有的权力放掉呢？

江平：其实"有限政府"就是一句话：该你管的你就管，不该你管的就不管。这句话实际上是一个很重要的法治原则，各尽其职，在各自的管辖权限范围内管好，不该管的却管了，这就是违法。从十八届三中全会《决定》来看，政府应该管的主要是两部分：一是宏观可调控，微观交给市场；二是管好市场秩序，包括维护公平竞争环境、监管产品质量等。

《中国经济周刊》：政府少管了之后，需要什么样的法治环境，才能保证市场不仅自由平等，而且规范有序？

江平：这就是我常说的，市场法治包含两个方面，一个是市场自由的法治，一个是市场秩序的法治。市场自由的法治当然要由市场主体来决定，过去我们在市场自由方面的制度是欠缺的，原因是我们从计划经济转过来，市场还不发达，自由度还比较小。

但是，我觉得市场秩序也是很重要的方面，这一点是政府义不容辞的责任。如果政府不管好市场的秩序，就是失职。从现在来看，中国市场秩序的状况还不是很好。曾经有一份材料显示，中国的市场秩序在全世界排名120多位。

中国经济发展很快，但是市场秩序还是很混乱的。这只能靠政府来解决，不能靠市场自己解决，因为市场竞争的主体更多地考虑如何在自由的情况下进行竞争，在秩序方面，往往需要依靠强制性的规范、法制手段来制约它们。

《中国经济周刊》：十八届三中全会还提出要依法行政，把权力关进制度的笼子里。您认为用哪些材料打造这个"笼子"呢？

江平：这个笼子应该就是法治的笼子，法律所规定的笼子。应当说，涉及政府怎样管经济，还是有一部法律比较好。

我觉得，政府调控包括哪些方面，使用哪些手段，政府决策的程序等都应该有法律上的明确规定，这样人们一眼就可以看出来，哪些是政府应该管的，怎样去管。但是，有人担心这样一来会不会使得政府缩手缩脚。我觉得，中国走市场经济之路长达30多年，也积累了一些经验。对于政府该管哪些，怎样管，都有经验可循，所以可以有一部这样的法律。

《中国经济周刊》：现在，在政府管理经济方面有哪些法律规定？您觉得应该如何改进？

江平：现在（这些规定）都分散在不同的法律里，比如《土地管理法》，规定了土地管理的行政控制范围。总的来说，政府过去管得太宽。比如土地方面，只要管好土地用途就好了，但是征用耕地一定要得到政府批准，很多国家耕地都不能随便改变其用途。集体土地当然是由所有权人自己来决定，政府还管那么多干吗？减少政府过多干预的范围，就是具体实现"有限政府"的有效措施。

《中国经济周刊》：所以您觉得应该有一部比较系统、比较集中的法律，来限制政府管理经济的行为，是这样吗？

江平：我觉得还是应该有的。土地方面有《土地管理法》，矿产资源方面有《矿产资源法》，工商管理方面有《行政许可法》等，各个领域都有对应的法律，但是将这些具体的法律统一起来，表明怎样解决政府和市场的关系的法律，也应该有。

《中国经济周刊》：您认为在新一轮土地改革中，哪些工作是比较重要的？

江平：十八届三中全会的改革主要针对农村集体土地，放宽了集体土地在市场中的流通。过去对于集体土地的建设用地规定得很严格，只能用于集体企业、道路修建等。

这次强调农村建设用地应该和国有土地上的建设用地完全一样，是平等的。这是一个很大的开放，如果这样做，今后很可能只要交足了土地补偿的费用，集体土地上的建设用地也可以用来盖商品房。当然，在政策放开以前，就在集体土地上盖商品房的行为还是违法的，是要取缔的。

宅基地能否转让，这是个很复杂的问题。寄希望于城镇化来解决宅基地问题，以农民自己的房子和土地换取城镇的房子，如果完全基于农民自愿，还是可以的。但是不见得有些农民是自愿的，这种情况下，并没有一个非常明确的解决办法。

至于耕地的用途，总的来说不能改变，但是能不能转让呢？现在需要一个很明确的办法来加速它的流通。如果一户只有几亩地、十几亩地，中国农村不能实现富裕，因此，要实现农村土地"规模化经营"。

05　保护民营企业家人身权和财产权 *
——以"盐湖集团44亿元股权案"为例

　　刚才两位介绍过，一共有10位刑法学专家都做了论证，而且这10位刑法学专家都是国内顶级的专家，所以对于张克强先生是不是触犯了《刑法》，他们的意见都是很中肯的。我只想从保护人权和民事权益方面简单地说一下。

　　刚才大家也提到了李克强总理的讲话，他的讲话中心思想是保护民营企业家，尤其是应该平等地保护民营企业家。我们现在在打击国有企业的犯罪方面下了大功夫，大家可以看到中石油等企业的很多领导人，包括国资委主任蒋洁敏也被调查了，所以应该把这两个问题结合起来。在张克强的案子上，大家可以看到，案件一开始可能认为张克强涉嫌诈骗，民营企业没有资格进入盐湖集团，但是后来案件性质

　　* 2011年11月，华美集团董事长张克强被诉诈骗价值44亿元盐湖集团股权，他本人被严重超期羁押。该案涉及巨额利益和民企投资门槛等诸多问题，立案以来一直备受法律、媒体等各界关注，有关案件内容的争议从未间断。作者以该案为背景，2013年9月18日在"民营企业家权益保护研讨会"上发表演讲，原题为《应保护民营企业家人身权和财产权》。本文根据演讲整理。

发生了一些变化，从庭审里面已经看出来了，实际上分别涉及董晓云、崔伟的500万股权和63万股权的问题，以及张克强在注册登记深圳公司的时候使用假冒的公司章的问题。

所以，这个案件涉及张克强对董晓云和崔伟的贿赂行为。董晓云和崔伟是国有企业的高管，可以看到，现在涉及贿赂国有企业高管的问题中不断地出现对私营企业家的追究，这样两者就紧密联系起来了。严格来说，国有企业高管受贿很大方面可能来自民营企业的贿赂，所以处理好两者的关系，对于解决本案也是一个重要的方面。

我觉得解决这个案子的一个原则，就是把民营企业和国有企业放在同等地位，平等对待，不仅投资方面，其他各方面都应该是平等的。不能只对民营企业有更高的要求和更严格的规范，这是一个很重要的事情。

第二个方面当然是要严格按照法律规定来办理，"是"就是"是"，"非"就是"非"。这里面涉及怎样保护民营企业家人身权和财产权的问题。重庆"打黑"事件以来，这个问题不断被议论。重庆"打黑"中处理了很大一部分民营企业，一些民营企业家身败名裂，所以大家都在议论，我们在保护民营企业家的权利的时候，首要的问题是怎样才能保障民营企业家的人身权和财产权不被妄加侵犯，这是最重要的。

我们再来看看本案中张克强先生的问题，公诉方以"诈骗罪"对他提起公诉，以诈骗为由实施抓捕，但是最后发现"诈骗罪"缺乏根据。这种情况在公诉机关里面经常出现，以一种罪名实施抓捕，但是抓到的时候发现对方不存在这种问题，所以就不得不以另外的罪名来起诉。为什么这么做呢？原因有很多，一个很重要的理由就是检察机关、公安机关作为起诉单位，千方百计要证明对某人实施抓捕是没错的，是有理由的。如果我以诈骗罪为由抓捕你，结果侦查时发现你偷税漏税，那我可能以偷税漏税为由起诉，因为这种行为终究也是触犯法律的。我认为这实际上是"有罪推定"的思想，我认为你有罪，最后总能找到你的错，我就不相信你一点错误都找不着，一点证据都找不着。这是一种很可怕的现象，因为如果要抓捕一位民营企业家，早晚都能发现抓捕他的理由。

我想这是办案领域里面常犯的错误，看似很简单，如果真的抓错了，办案人员要承担责任的，为什么把一个无辜的公民抓起来了？这就涉及国家赔偿的问题，涉及追究办案人员的问题。追究办案人员的责任本来是好事，现在却变成坏事了，因为一旦认为他错了，他显然要千方百计地证明他没错。这样的主导思想实际上给很多案子造成了不好的影响，甚至是恶劣的影响。

从这个意义来看，我们也可以看出张克强案实际上并没有确凿的直接证据，很多都是间接证据。其他人在口供里面说张董事长做过这样的行为，那要看看张克强自己能够私刻公司的章吗？他有私刻的动机吗？贿赂董晓云和那位副总的 500 万股是他的真实意思吗？这些问题大多都是从其他当事人的口供里面得出来的，这也是我们现在办案程序中一个很大的不足，实际上叫作有罪推定。也就是说，要是从你身上找不着问题，那我就看别人的口供，别人的口供里面说了你有罪，那么你就跑不了。这是很大的问题。

第三个方面是超期羁押，当然从检察院或公安部门来说，他肯定有理由，他说超期羁押肯定是得到上级批准的，因为这个案子复杂。中国的案子很好办，你要说他超期羁押，他可以给你拿出证据来，因为案子比较复杂，所以他有上级批准，而上级批准是很容易拿到的。为了解决这个案子，上级可以无限期地延长时间。超期羁押是一个软指标，并不是一个硬性指标。

第四个方面，很重要的一点就是张克强是全国人大代表，而他还没有被判刑，就被罢免了全国人大代表的职务，这在某种意义上来说也是有罪推定。尚未判决，公诉方就已经肯定张克强犯罪了，由于确定他犯罪，就要求撤销他的人大代表职务，这种罢免行为也属于有罪推定。按道理来说，应该暂时免除张克强的人大代表资格，或者在一定期限之内不准他行使职权。

综上来看，我们应该认真、彻底地做出改变。虽然法律规定在法院没有做出判决之前，任何人都可以认为他是无罪的，也可以用"犯罪嫌疑人"来代替。但是实际上，我们的机构实施抓捕的时候就是按照有罪推定做的。检察院原始的起诉理由无法成立时，又千方百计找其他理由，这也是有罪推定的做法，我觉得这是一个值得引起注意的问题。

第二个问题就是财产权。民营企业家一旦被抓起来或者被刑事控告，他的财产就岌岌可危了。就本案来说，因为张克强等人犯罪，所以他们的3.29亿元的财产就被冻结、被扣留了，这也是一个非常大的问题。过去我们对这个问题的关注不够，后来报纸上出现了一些舆论，不能让触犯法律的企业家从财产上获益，要把他的财产全部没收。这样的呼吁有一些道理，如果真的触犯法律，任何人都不能逃之夭夭，财产获益当然不可以保留。但是，这样的一种思维就造成了一种现象，即一旦被控告，财产就会被没收、被冻结。

这种现象在重庆"打黑"案里面特别明显。我接触到的一些重庆地方的反映是，一旦企业家被判刑，他的所有企业财产全部被没收，也就是企业的财产因为企业家个人犯罪而被没收。按道理来说，应该没收的是他的股权，并不应该直接没收公司财产。从法律上来说，公司是独立的法人，公司有公司的人格，财产是属于公司的，而现在包括重庆在内的很多地区，一旦企业家出事，企业就无人经营了，也就是说企业家直接连累了企业。我觉得企业家和企业应该是两种不同的人格。

企业家的股权可以被没收，但是公司的财产不能直接被没收。更何况有些情况下，这个企业家最后没被查出问题，但是他的财产已经不知去向了，因为已经有许多国有企业或者其他企业接管这些财产，这些财产被接管以后，再把财产要回来就很难了。所以实际上我们的制度意味着把企业家抓起来，就相当于宣告他的财产的丧失，这是一个很可怕的事情。不应该从他被抓起来的时候没收财产，而应该从判决开始，如果最后判决他没有罪，那他的财产怎么能够已经托管给别人了呢？那不合适。所以我想，财产的利益保障也是非常重要的。

　　总的来说，在处理民营企业家所谓的刑事问题方面，一个是保护他的人身权，一个是保护他的合法财产权，这个前提是应该肯定的。当然不是任何情况下都要保护他的人身权和财产权，而是在他触犯的法律范围内惩罚他，不能够超出这个范围。这是我今天所说的内容。谢谢大家！

06　保护中小投资者需及时立法 *

　　保护中小投资者利益的一个重要的手段是法律手段。既然是法律手段，那么就应该弄清楚中小投资者究竟是强者还是弱者这个问题。

　　从民法的角度来说，民法的一个原则是平等保护。但是，民法的保护方针在这些年里面发生了变化。

　　早在三四百年以前，英国的法律明确规定了让买者小心，如果你是买方，那么买的人应该自己小心，这更多的是保护卖者的利益。然而，随着时代变迁，卖者也有很多的义务，比如告知义务、保证产品质量义务等，所以不能够仅仅用买者小心来保护当事人的利益。

　　我们可以看到，从自由竞争到《反垄断法》的出台更加体现了这个方针。《反垄断法》就是反对强者，如果过分强调强者的利益，那怎样保护弱者呢？所以，把《反垄断法》看作市场经济的"小宪法"是有道理的。

　　目前，各个国家对于保护消费者利益都特别重视。保护消费者权益

　　*　本文根据作者2013年1月5日在第二届"中国投资者大会"的发言整理，原文刊载于《投资者报》2013年第2期。

已经从一般商品消费者的保护提高到了金融产品消费者的保护，这是一个很重要的标志。金融投资者也可以被当作消费者加以保护，从这个意义上来看，我们应该从金融消费者的利益保护角度来看法律倾向性。

实际上，民法的保护是从完全平等的保护，逐渐走向保护弱者利益，应该说这是一个很重要的趋势。那么投资者究竟是强者还是弱者？辩证地来看，如果在劳动者面前，可能资本拥有者是强者。但是对于大资本的拥有者来说，中小投资者又是弱者。从这个意义上来说，我们应该特别强调对于中小投资者利益的保护。

第二，我想谈谈中小股东利益保护的问题。中小投资者利益保护方面有许多规定，我着重讲一个问题，就是当公司管理体制改变的时候，他的地位如何。这是什么意思呢？历史上的公司管理模式曾经发生改变，最早是股东会中心主义，股东出资来办企业的话，当然股东是中心，老板的利益高于一切，所以最早的公司都实行股东会中心主义。但是，后来逐渐变成了董事会中心主义，股东有钱但是不一定懂管理，懂管理的人不一定有资本，所以在管理公司的模式中，这些董事、专业人才可能比有钱的股东管理得更好，这就从股东会中心主义变成了董事会中心主义。

我国的《公司法》是以董事会中心主义制定的。现在有些国家又从董事会中心主义转变为经理人中心主义，尤其是美国的一些上市公司，经理人、首席执行官的作用越来越大，在这种情况下就出现了许多弊病。

因此，在不同的模式里面，中小股东起到的作用也不同，怎样保护中小投资者利益的问题很值得我们思考。

最后，我想说的是，发生在10多年前的美国经济危机，对于我们今天的立法也有一些启示。与最近一次衍生品导致的金融危机不同，10年前的那场经济危机实际上是安然公司引发的，表现在什么地方呢？表现在经理人滥用职权以及制造公司业绩假象上。

这场危机之后，美国通过了一部《萨班斯法案》^①，人们把它叫作"公司严打的法案"。该法案的目的就是要防止上市公司不考虑股东利益，仅仅考虑经理人利益，为了使中介人从中获得好处而制造一些虚假账目。这些问题造成的危害是相当大的。

其实，现在回过头来看，中国证券市场的危机基本上还是表现为诚信不够。具体表现为两个方面，一是经理人的诚信不够，管理公司的人往往考虑自己拿高薪，而不考虑股东的利益，这是一个很突出的现象。另外一个情况就是现在的证券市场缺乏信用，到处都有欺诈的现象，内幕交易、操纵市场等问题比比皆是。对于这些问题，证监会都没有很好地、认真地查处。

美国有一个非常值得我们借鉴的地方，每当出现危机之后，能够在很短的时间里通过一部法律，以纠正所出现的问题。这是一个效率很高的立法反应，只需几个议员就可以提出并通过一项法案。我们现在做不到这一点，原因在哪里？我们的立法是有计划的，通过一部法律非常难，修改一部法律也非常难，缺乏一个灵活快速的反应机制。法律的作用本来应该是调整社会生活，及时地纠正当前经济中出现的问题，但是我们的立法反应非常迟钝。

印度最近出现轮奸妇女的丑闻之后，议会立刻提议制定一部处罚性犯罪的法律，这说明立法要能够迅速地反映人民的要求、反映社会的要求，才能够体现法律的威力。如果立法滞后了，法律的效率就会差很多。

从这一点来说，从《证券法》通过到现在，我们的立法实际上并没有很大改进，或者没有及时做出改进，这可能与我们经济方面出现的问题有关，但是也反映了立法的迟缓。

我觉得应该对上述方面加以改正，从而使我们在法律上保护中小投资者时能够做出很迅速的反应。

① 《萨班斯法案》为2001年美国能源巨头安然公司破产之后，美国国会通过的法案，也称"公众公司会计改革与投资者保护法案"。——编者注

07 从改革开放小历史观看我国社会变迁与民商法发展*

我很高兴参加北京航空航天大学与台湾政治大学联合举办的两岸民商法前沿论坛，并做这样一个有关社会变迁和民商法发展的主旨发言。从社会变迁和民商法发展的角度来看，可以有一个大历史的角度，也可以有一个小历史的角度。关于大历史的角度，我过去也发表过一些文章，讲过这个问题，所以今天我不准备从大历史角度来讲。

我偏重从小历史的角度讲，严格来说，就是讲改革和法治的关系。从十一届三中全会到十八届三中全会的30多年以来，中国始终处在改革进程中，这30多年实际就是一个重要的社会变迁时期，社会变迁与民商法的发展有非常密切的关系。改革有一个大的历史和一个小的历史，大历史是30多年，小历史是党的十八届三中全会开完之后。

改革与法治，多少年来这个问题一直都是被争论的焦点，我自己

＊　本文根据作者2013年11月16日在"社会变迁与民商法发展——第三届两岸民商法前沿论坛"开幕式上的讲话整理。

也没太想通，觉得有些问题解决得不是很透彻。应该说，如果从改革和法治的性质来看，改革是不断变化的，而法律应该保持相对稳定，法律本质上是一种不变的东西，除非被修改，不修改就是不变的，所以这是一个很大的矛盾。一方面我们讲改革要不断地前进，不断地改革，另一方面我们要保持法律的稳定性。从某种意义上也可以说，法律带有保守性。法律总会滞后，世界各国都存在这个问题，《法国民法典》、《德国民法典》在发展过程中都体现出落后的一面，与时代不相称，所以从这个角度来看，矛盾是会长期存在的。

其实我们在制定《物权法》的时候，碰到了一个很大的问题，就是改革和法律的矛盾。因为制定的《物权法》必须至少能够稳定十几年，而当时制定《物权法》的时候，已经很明显地感觉到土地不断变迁，很难规定土地的问题。所以这个矛盾的存在使得起草法案无从下笔。如果过多地强调稳定性，从维持10多年不变的角度考虑起草《物权法》，那必然阻碍改革。如果过多地强调从改革角度起草《物权法》，那就会规定得很模糊，或者说规定得比较原则化。我们可以看到，《物权法》的本质是土地问题，土地问题很重要的一点是改革的问题。你们可以从农村土地的三个方面来看，一个是集体土地的耕地问题，一个是集体土地的建设用地问题，还有一个是集体土地的宅基地问题，三个方面都体现了这个矛盾。例如，涉及农村集体土地的建设用地，只在"建设用地使用权"里面有一句规定，"集体所有的土地作为建设用地的，应当依照土地管理法等法律规定办理。"这实际上无可奈何，按现有的法律执行的话，它怎么规定就怎么规定，尤其在宅基地问题上，更体现出这个问题。

制定《物权法》的时候存在这个矛盾，《物权法》出台以后，《土地管理法》紧接着也需要修改。我没有参加修改《土地管理法》，但是看得出来，在修改《土地管理法》时也遇到了这个矛盾，因为《土地管理法》要对集体土地这一部分做比较明确的规定，在这一问题上的争论很大，意见分歧明显，很难取得一致的意见。十八届三中全会明确提出修改《土地管理法》，而且是在很短的时间内完成这个任务。我觉得《土地管理法》迟迟未修改，也体现了在改革的方向判断不准的情况下，很难加以修改。现在三中全会对农村土地流转的问题做了一些明确的规定，也提出要开放市场，在这个意义上，应该说方向比较明确了，那么在这个问题上就比较好修改了。

在《物权法》的制定过程中，一个问题就是受到改革方向不明确的影响。这个影响很大，土地领域需要改革，但是究竟往哪个方向改变，谁都判断不准。再一个问题是当时提出的各种各样的土地改革模式。《物权法》通过后不久，国务院就确定了重庆市和成都全面实行"土地城乡一体化"试点改革。当时我们学校（中国政法大学）也召开了讨论会，研究重庆和成都两地"城乡一体化改革"的法律含义是什么，这和刚刚通过的《物权法》有没有矛盾，答案显然是肯定的。关于如何解决这个矛盾，当时分歧也很大。有的人觉得国务院不可能在土地问题上修改《物权法》，否则就太不严谨了。刚刚通过一部法律，试点改革时就突破法律的规定，那法律的严肃性何在。所以，当时在这个问题上也存在一个很大的矛盾。

应该说，在改革和法治的配合方面，我们做得还不够理想。也就是说，要不就是重视改革，弱化法治；要不就是重视了法治，重视了法律，结果只能延缓改革、限制改革。所以，怎样才能既使改革进行下去，又确保法律受到尊重，这是个两难的问题。30多年前，在这个问题上的处理方针就是授权给国务院，在改革问题上授权国务院制定与改革相关的法律、规章、制度，例如现在所说的财税法就是授权给国务院制定的。但是这种长期授权的方式并不是一个理想的方式，并不是所有的法律问题都能授权给国务院，那还要法律做什么！法律应该有尊严、有权威，应该由人大来制定，不能由政府来制定，这种模式终究不是长久之计。现在人们也开始呼吁把改革时期的授权收回来，我觉得解决好这个矛盾，最根本的还是要有一个完善的修改法律的机制。也就是说，法律既是稳定的，也需要不断地修改，这样就可以更好地来解决法律与改革之间的矛盾。

为什么说我们在这个问题上做得不好呢？因为现在还是"摸着石头过河"。按照邓小平同志所讲，中国是在摸着石头过河，那就有一个问题，即无法预估一部新的法律与改革的新措施有哪些不吻合的方面，那怎么行呢？有些国家在通过一部法律的时候，有一项终止条款，写明本法通过后，对应的法律条文应当终止作废，而且要具体写明哪些终止作废，我们没有这种规定。我们的做法是，过了一段时间之后，由国务院法制办或人大的某个机构对已经通过的法规进行清理。所谓的清理是指对比已经通过的法规、规章，发现与现行的法律不一致的地方就废除。这个办法并不能最终解决法律与改革之间的矛盾，因为即使有些条文不合适了，也不可能整部废除，只能修改一部分。从这个角度来说，我们的修改法律的机制很不完善，这就造成了很多的问题。

从现实情况来看，现在已经到了频繁修改法律的阶段了。原有的法律可能经过10年甚至20年都不曾用过，肯定要修改。而且从社会的角度来看，社会发展、变迁这么快，需要修改的法律会更多，如果将所有的法律都修改一遍，也来不及。

进入法律修改频繁期后，我们需要一套修改规则、一套程序、一套办法，不能靠人治来解决这个问题。谈到这个问题，我想起一个案例，就是当初国务院决定土地可以流通，允许国有土地流通、出让、转让、抵押之后，决定对法律进行修改，怎样修改呢？当时我还在全国人大法律委员会任职，领导说要修改宪法，因为宪法里面规定土地不能买卖、不能抵押，那么修改宪法是自然而然的了，所以很快就修改了宪法。《土地管理法》也应该修改，因为它是具体执行的法律规定。我提出也要修改《民法通则》，得到的回复是，既然修改了宪法，修改了《土地管理法》，那么就不用修改《民法通则》了。大家可以看到，直到现在，

《民法通则》仍然有这项条文，"土地不得买卖、出租、抵押，或者以其他形式非法转让"。(《民法通则》第80条第3款）这显然是一个不应该做出的决定，《民法通则》这样一部很重要的法律，在社会变迁的时候，居然没有相应地变化，结果贻笑大方，甚至大大削弱了《民法通则》的权威性，也削弱了它的严肃性，人们觉得不必施行《民法通则》了，因为它现在的条文已经过时了。

　　我们将来应该制定一些修改规则、一套秩序，应该循着法治的理念。对于社会变迁引起的法律的调整，应该有一些明确的规定才好。这就是我的一些想法，谢谢大家！

08 通往法治市场经济之路 *

一、中国一直都没有建立真正的法治

胡释之：过去这10年中国经济增速很快，国内生产总值超过日本，位居全球第二，按理说是一个欣欣向荣的国家，一个给人无限希望的国家，但你会发现一个很奇怪的现象，就是富人纷纷移民，弃船而去。这怎么解释呢？我想一个很重要的原因就是没有建立法治，官员自由裁量权太大，让人没有安全感。

江平：这个问题实质上就是人治和法治的问题。中国一直都没有建立真正的法治。你想，一个县长说的话大，还是法律大？人们通常会说当然法律大，但是真正到了这个县里，县长说的话可能比宪法还要大。

胡释之：从官员的直观来讲，谁都想人治，谁不想自己说了算、自己的权力不受约束？干吗要弄那么多条条框框把自己捆起来，束手

---

　　* 本文根据2012年凤凰网《财知道》栏目第85期整理。原文为宏观经济学学者胡释之对作者的专访。

束脚？但这些人是短视的。一个实行人治的领导，虽然享受着各种特权，但也存在很大隐患。在位的时候，你可以超越法律，但是你下台的时候，同样也就没有法律来保护你了，就要承担超越法律的后果。张维迎有一句话就说，官员有特权没人权。所以有远见的领导，还得趁自己在位的时候把法治建立好，主动把自己的权力捆绑起来，把自己的权力关到笼子里。虽然这样一来，他的权力会受限制，短期利益看起来会受损，但是这会有利于他的长期利益，他会享受到这种健全的法治对他永久人权的保证。

再说一点，李剑阁说他前段时间在政协开会，好多民营企业家说他们根本不信"旧非公36条"和"新非公36条"所说的放开垄断行业，因为多年沉痛的教训告诉他们，进去了很有可能碰得头破血流，甚至有去无回。这就是一个权力的悖论。政府权力大，看起来好像对政府非常有利，凡事都是政府说了算。但是问题来了，你权力大了，全都你说了算了，你说的话反倒没人信了。怎么让人信？就需要建立法治。

江平：这个问题就是政府的公信力问题，政府如何真正做到取信于民？现在许多的问题是老百姓对于政府的一些说法持怀疑态度，因为政府多变。要是政府能够在一件事情上纠正过去的偏差，老百姓就有相信政府的希望了。譬如说，山西把民营煤矿都归到国有了，这是很明显地侵犯民营企业的做法，但是没有人纠正。如果政府把这个事情纠正过来，民营企业就有信心了。

再比如说，我们现在的律师制度也是这样。如果你真的能够拿李庄这个案件为契机，能够把他的冤案给改变过来，如果能够做到这一点，就能够真正在律师里面建立公信力。这一步一步的纠偏措施会树立老百姓对政府的信心。如果政府过去做错的都不改，老百姓怎么会对政府将来有信心呢？这点是非常重要的。过去的一些没有符合法治的做法应该纠偏。这就能够起到很大的振奋人心的作用，让人感觉新领导有新气象。

胡释之：所以不管是发"旧非公36条"还是"新非公36条"，甚至再发一个"新非公72条"，都不如干一件纠偏的事给人提气，给人信心，给人吃定心丸。政府不能老说自己以后不会再犯错误了，没人信，他只有受一次惩罚，大家才会相信他以后可能真的不会再犯了。

二、把税收看作国家的财产是错误的

江平：上周我参加博源基金会的论坛，清华大学一个教授讲得很尖锐，他说我们现在的做法是领导只给任务，不管手段。他讲了税收的例子。当地的经济情况已经很差了，但是税收的任务并没有减。他去问税务局长怎么办，税务局长说："那我只有完成任务，上面跟我说了，目标是不变的，至于怎么来收，那是你的事，不是我的事。"在这种情况下，逼着执法的人采取违法的手段来完成任务，这个情况应该说是很危险的。

胡释之：现在执法的人最不讲规则，以非法的方式执法，不按规矩来，那肯定就会出现这种不和谐。所以要化解冲突，或者说维护稳定，最终出路还是要建立法治，使大家都在一个透明规则里行事。说到这个税，前一阵《预算法》修订时讨论得也很激烈。按理说，政府花老百姓的钱，收老百姓的钱，花钱收钱都得受约束，所以要有《预算法》来限制政府花钱和收钱的自由。但现在反倒成了财政部主导修订，成了部门立法，成了扩展权力的一个工具，这就很成问题。这也是法治建设的一条歪路，好多时候成了行政部门立法，把行政命令变成法律，法律成了政府扩权的一个工具，而不是限制政府权力的工具。

江平：这涉及一个很根本的问题，就是公权和私权的关系。中国的公权是庞大的，私权是相当弱小的。历史上，私权在中国向来没有地位，不像西方国家，很早就有一种说法，"风能进，雨能进，国王不能进"，始终就是尊重私权的，而我们始终就没有。私权在公权的面前是极其弱小的，一点都没有抵抗的能力。我们今天实际上也仍然存在私权不发达、公权庞大的情况。在这种情况下，政府就应该更有意地保护私权，让公权受到限制。现在法律有一些改善，比如拆迁条例里面对于私权的维护比以前多了，但是越到基层，这个方面做得就越差，到了基层应该说仍然是政府想拆就拆，个人的权利没有得到很大的保障。

税收也是这个问题，我们始终把税收看作国家的财产，这是错误的。除了国有企业缴的税，你可以说那部分的税是国家的，其他的由老百姓缴的钱，由民营企业缴的税，这是私产，只不过是被征收了。税收取之于民，它本身还是老百姓的，作为纳税人，有权利来决定这些税收怎么用，这个在法律上是很明确的。我们现在，不用说老百姓，哪怕就是人大代表，在预算的支配方面，他的决定权、知情权都是很差的，还是税务部门说了算。

我们看西方国家，议会很大的权力就是决定税收，决定财政预算怎么来支出，任何一个地方只要追加了一部分的钱，突破了预算，都要经过议会来讨论研究、确定。而我们现在，一个财政部长用笔一批就可以增加预算。宪法规定这应该由老百姓来决定，应该由人大代表来决定，但是我们现在更多地把这种权力集中在财政部门，这是很不正常的。

胡释之：人大的权威没有建立起来，还是行政部门独大。我想以后不能再由部门提出立法，现在好多部委都有专门负责立法的司局，这个是不可以有的，都得收编到人大。某个部门提议立的法，很可能就是维护自己小部门利益的法，而不是维护全社会利益的法。

三、争取权利是争自己的本分而非争权夺利

江平：应该说改革开放以来，实行了市场经济以后，人们的私权意识大大增强了，特别是在《物权法》通过以后，人们的私权意识更强了。保卫自己的财产权利，这已经成为公民的一个奋斗目标。过去有多少人敢在拆迁的问题上表示不同的意见呢？你要是表示不同意见，早就把你抓起来了。现在来说好一些，人们越来越敢于为自己的权利抗争，为了保护自己的房产不受侵犯，进行一种很坚决的抵抗，总的说来是一个好的现象。

当然现在也有滥用私权的情况，这是一个非常复杂的问题，我没有说一切坚持不搬的行为都有理，并不是这样的，但是至少说明了一点，人们的私权意识在扩大。私权意识的扩大是很重要的，因为只有私权意识的扩大，才可能有私权的捍卫，真正有了私权的捍卫，才能够抵制公权的侵犯。

胡释之：权利这个概念其实是近代才从西方翻译过来的，"right"被翻译成"权利"，我想可能很大程度上是一个误译。比如说现在还有好多人分不清权利和权力，将两者混为一谈。捍卫自己权利或者争取自己权利的人容易被认为是一些争权夺利的非分小人，夺政府的权，逐自己的利（益），而不是在争自己的（权）利。这个词当初要是换一个译法，可能更容易被大家接受，比如严复翻译成"天直"，就是说这事本身带有正当性。我想大家在捍卫自己的权利时会更理直气壮一些，因为你是在捍卫"天直"，而别人或者公权在侵犯你的时候，也会更感到理亏一些。

现在呢，不是去区分正当不正当，很多时候成了一种大家的力量博弈，谁斗得赢就归谁。包括拆迁，好多时候就是这个人家，他家里人会武功，或者是意志更坚定一些，他跟政府博弈的收益就会更大一

些，补偿就会更多一些，演变成公权、私权的争斗，而不是公权对私权的尊重，私权守自己的本分。

江平：这里面涉及一个问题，就是私权如何保护的问题。我觉得私权的保护在现代社会有三种渠道。第一个就是私权受私权的侵犯。我的财产受到你的侵犯了，或者受到某个公司侵犯了，这种情况下我当然告到普通法院，普通法院判决给我补偿。但是我们国家现在法院的立案还是很难，立案还要找各种的证据，有些私人对私人的侵犯情况不受理。第二个就是私权受到公权的侵犯，受到政府的侵犯。我们现在有了《行政诉讼法》，可以告了，但是总的来说这个渠道还不是很畅通。

第三个渠道最重要，或者说是现在最缺少的，就是如果我的权利受到法律或者国务院行政法规的侵犯怎么办？法律和法规侵犯了我的权利。比如政府拆迁补偿的价格很低，一平方米补偿的钱不足以让我重新再买一平方米，那我怎么办，我上告无门。我告到法院，法院不受理，他说这是市政府的命令，法院怎么能够去审理这些东西，法院没有权力把国务院制定的法规撤销。西方有宪法法院或者宪法委员会的职能，我们还没有。只有这三个渠道都有了，而且都很畅通，我们老百姓的私权才能得到真正的保障。

09　法律视野下的财富*

很高兴能有机会在搜狐网站上发表意见。我今天讲的内容离不开我的本行，题目叫作《法律视野下的财富》。

西方国家对财产的理解比中国更早一些。早在2000多年以前，西方国家就对财产，尤其是财产权进行了分析。究竟怎样来理解财产权呢？

民法、司法乃至罗马法都对财富以及财产权进行了研究。2000多年以前诞生于西方国家的罗马法的最核心内容就是私权，而私权里面最重要的就是财产权，罗马法的核心就是对财产权的保护。怎样划分财产权呢？

传统上，财产权分成物权和债权两种。从现实情况来看，如果一件物品有使用价值，它是我的，我享有对它的支配权，这就是物权。如果这件物品还有交换价值，就转化为债权。这样的划分有深刻的法律基础，也体现了物权和债权在权益性质上的区别。物权指的是一种支配权，即对财产如何支配。而债权是指请求他人去完成一定的任务，完成一定的工作。

＊　本文根据作者2011年1月在"中国新视角高峰论坛——财富的榜样"上的发言整理。

　　所以，从这一点来看，一个是支配权，一个是请求权，两者当然是不一样的。从权益的对象来看，两者也不一样。物权是对世权，可以向世界上任何一个人主张我的权利。如果我的汽车被别人拿走了，谁侵犯我的权利，我就向他主张权利，要回来。请求权主要是请求特定的对象。从这一点来看，也看出两者的不同。当然，从权利行使的原则来看，也有所不同。物权所表现出来的是法律规定的范围，《物权法》对于物权行使的范围有明确规定，只有法律规定的才可以行使。而债权的行使原则就不同了，它是根据意思自治，主要是看我自己愿意不愿意，意思自治原则在法律里面也有很重要的作用。这样一种物权和债权的划分延续了 2000 多年。在人类历史上，尤其是物权起过巨大的作用，土地、房屋、机器、设备扮演过重要的角色，可以说农业生产、工业生产都将物权作为最核心的财富来估量。

　　近代出现了两种新的产权形式。一个是股权，一个是知识产权。这两种权益，或者说两种财富的产生对社会起到了巨大的推动作用。我有一只羊，可以自己吃，也可以卖给你用于交换。但是，现在我可以把羊用于投资，或者克隆一只羊，克隆一只羊的价值远远超出了原来羊的价值。所以股权和知识产权的出现促进了社会的巨大飞跃。

　　资本的作用是非常大的。股权是资本的权利，知识产权是知识社会中智慧成果的权利。这两种权利的出现与传统的物权、债权不同，它们所代表的利益也不是原来的物权和债权所能够代表的。

　　所以，世界首富是像比尔·盖茨一样拥有知识产权和股权的人物。应该说在法律里面也提出了一个问题，就是现在究竟提倡贫富平等论还是提倡贫富不平等论？法学界、经济学界等各个领域都很关注这个问题，尤其在中国当下仍然关注这个问题。

　　我记得年轻时遇到过一位在法国留学的资深教授，名叫吴传颐。他说《法国民法典》里讲，实际上每个人都有一个钱袋子，富人的钱袋子里面装着几百万、几千万元，穷人的钱袋子里面可能只有一张借条，欠了人家很多钱。但是，从法律上来说，两者是平等的，富人也好，穷人也好，他们都有一个钱袋子，区别只在于钱袋子里面装了多少钱。吴教授后来被斥为"鼓吹"富人和穷人平等的西方观点。富人和穷人怎么能够平等呢？但是，如果从法律面前人人平等的角度，或者从民法的角度来讲，穷人和富人在行为能力上是平等的，这就是一条很重要的标准。穷人和富人在法律上应该是平等的，因为他们的权利能力和行为能力是一样的。只有肯定了这样一种平等的原则，才能够鼓励人们创造财富。或者可以说，穷人和富人都具有平等的机会，这是一种法律上的机会平等的概念，而不是指结果平等。法律上要求的是富人和穷人拥有平等的机会，机会平等是民法的一个基本原则。

结果不平等交由社会法管理，社会法可以规定在纳税的时候向穷人倾斜，税款的用途也可以向弱势群体倾斜。但是，机会平等的确是最重要的。20世纪30年代，美国发生了经济危机。当时有一个案例，讲的是一名美国工人拿到工资之后，又返还雇主一笔钱。因为这个事情，美国工会向法院提起诉讼，说这是不公平的竞争。如果每个人都给雇主钱，雇主发给他的工资，他最后又返还一部分给雇主，别的工人就会失去就业机会。美国法院对这个案子做出判决，机会平等是美国宪法的一个重要原则，任何人可以买商品，可以买服务，但是不可以买机会。买机会就等于剥夺了别人的机会。所以，我认为我们现在既要承认贫富平等，也要承认贫富不平等。承认贫富平等是从民法的角度、市场的角度来讲，承认贫富不平等，是从社会法的角度来讲。

"贫富平等"值得提倡，因为这是市场竞争的规律。承认富人财富的正当性、合法性，提倡富者光荣，不能再去提倡穷者光荣，也不能够说越穷越光荣，更不能笼统地提"为富不仁"这样的概念。现在社会中仍然有许多错误的观念，笼统地反对法律层面的机会平等和结果不平等，这是很大的危害。"贫富不平等"也需要解决，因为这是社会稳定的基础。我们也要解决贫富之间的差距，但依靠的是另外一条法律渠道和另外一些原则。只有坚持了这种观点，才能够真正实现将财富作为榜样。

　　谢谢大家！

10　百年来中国私权意识在觉醒[*]

主持人：什么是私权？

江平：私权可以从广义和狭义两个角度来理解，狭义上的私权就是指民事权利，包含两大部分，一是传统上的财产权（财产所有权、知识产权、债权、投资者的权利等），另一部分是人身权（隐私权、肖像权、名誉权等）。

广义的私权指人权，即法律赋予每个人的权利，包含政治权利、社会权利和民事权利。政治权利包括选举权、被选举权、言论自由、结社自由、新闻出版自由等权利，社会权利包括接受教育的权利、社会保障权利等，现在越来越重要。民事权利如前文所述。

主持人：私权包括这么多权利，之间是否存在优先次序？孰轻孰重？

江平：在过去，民事权利是以财产权为主，如果一个人没有自己的财产权利，在社会上就没有生存空间，也就谈不上人格权、身份权。

---

　　* 2011年8月31日，凤凰网与人民网文史频道特别策划《百年转型》系列访谈，对话江平教授，解读百年来私权的兴起。本文根据访谈内容整理而成。

但是现在有所变化，人们越来越觉得人身权重要，甚至把人身权看得比财产权更重要。

我个人认为财产权是最根本的，尽管人身权很重要。一个人在社会上之所以能够立足，就是因为有财产权利的保障。如果一个人的财产权没有了，就等于其民事权利的能力被剥夺，这是很可怕的现象。

主持人：1986年通过的《民法通则》，在私权发展史上具有什么意义？

江平：1986年的《民法通则》以财产权为主，但也是第一次将人身权写进去，包括姓名权、肖像权、名誉权、荣誉权等这样一些权利。

西方有评论家称，中国的《民法通则》是民事权利的宣言，156条条文将中国公民所享有的民事权利罗列出来，并规定了权利的内容。这是一个很好的开端，因为之前没有对民事权利做详细规定，正是从《民法通则》开始，我们对民事权利有了比较明确的认识。

主持人：从《民法通则》到2007年的《物权法》，您怎么评价这段时期私权的发展？

江平：如果说1986年的《民法通则》是中国社会重视民事权利的开始，《物权法》的通过则标志着中国公民社会权利意识的增长。

1986年《民法通则》只是在法律中明确了哪些财产权，实际是四大财产权：第一是物权，诸如对房屋、自己财产享有的权利；第二是债权，即交换的权利；第三是股权，投资者的权利；第四是知识产权，即智力成果的权利。其中包括两个传统财产权——物权和债权，现代产权包括股权和知识产权。

为什么说《物权法》是民事权利意识增长的标志？因为在《物权法》的讨论过程中，人们开始意识到自己享有权利的重要性。尤其在拆迁过程中，人们保护产权的意识高涨，从来没有这么一个权利复兴的年代，权利意识越来越自觉。

如果说1986年还是自在的意识，到了《物权法》则是自觉的意识，很多人开始为自己的权利而抗争。

主持人：您的学术研究方向从民法逐渐转向宪政、国家体制，这是为什么？

江平：因为私权研究到最后必然涉及与公权力的冲突。

对私权的侵犯主要有两个来源：第一，一个私权受到另外一个私权的侵犯，这个比较好解决，违反合同、侵犯财产权利，去法院就可以解决。但是，私权受到公权力的侵犯就很麻烦，政府如果拆我的房子怎么办？遇到这种情况就必然要研究国家体制、国家权力在其中的作用。私权的研究最后必然会涉及公权力的问题。

我最早主持的行政法立法研究小组所起草的《行政诉讼法》就是为了规范公权力，保障私权。实际上是解决两个问题：第一，行政权力行使的规律，怎么能够让行政权力不走极端，如何限制公权力过分强大，需要有制约和监督；第二，保证私权不受公权力侵犯，《行政许可法》《行政强制法》以及行政复议制度都是为了保障私权。

主持人：您觉得私权与公权两者之间的界限是什么？

江平：公权与私权是非常明确的，公权就是国家的权力，强制的权力；私权就是私人所有的权利，自治的权利，国家不能强制你做什么。

涉及公共利益，私权就必须服从，同时，私权不能够侵犯别人的私权利。不涉及公共利益、也没有侵犯别人权利的情况下，私权就是神圣的。

西方国家对私人住宅的维护是很严格的。在英国，个人的房子国王不能进；在美国，假如有人私自闯入你的花园，你可以朝他开枪。

这个理念就是你不能够随便侵犯我，因为我没有侵犯公共利益，也没有侵犯别人的利益。

公权力的界限就复杂一些，各国都有行使公权力的原则，比如相互制约，立法权、司法权、行政权要分开，不能一切都归专制的国王享有；公权力的行使要有透明度；做决定要按照相应的程序。总之，公权力的行使要有限制，不能任意行使。现在越来越趋向有限政府，公权力从无限变成有限，要通过法治来制约。我们也在走这个过程，就是怎么使公权力受到制约。

主持人： 政府以公共利益为基础限制私权，但有些时候政府可能会借公共利益之名滥用公权力，比如征地、强拆现象，您怎么看待这种现象呢？公共利益究竟由谁来界定？

江平： 这个问题很复杂，《物权法》对此争论了很久。首先，公共利益很难用列举的方式来规定，比如小区里的商场到底是商业行为还是公共利益？如果在北京六环之外，一个小区里没有商场就很不方便，在这样一个地方盖商场当然符合公共利益，如果在闹市区盖商场那可能就是商业行为。这东西是很难界定的。

第二，如果是商业行为怎么办？在西方国家，只要是商业行为就完全是民事关系，由需要土地的人和土地所有权人商量，国家不干预，商量妥当就进行交易，不成就没法交易。所以西方国家征地是很难的，如果不是基于公共利益就不能够征用。

第三，补偿按什么标准？补偿标准不合适，老百姓甚至会自焚。现在老百姓更多在乎利益，并不在乎房子，补偿高一点就搬了，所以这个问题也复杂。要由评估机构按市场价格评估，对市场评估不服，可以有救济程序。

拆迁的问题实际上涉及以什么理由拆迁、怎么补偿、先补偿后搬迁还是先搬迁后补偿等许多复杂的问题。只有法律公平合理，才能使老百姓感到满意。

主持人：谁来决定到底属不属于公共利益？

江平：这就涉及程序问题，可以通过法律规定的程序来完成，比如人民代表大会。我们当初要修建三峡水电站，要搬迁这么多人，最后由全国人民代表大会讨论通过。一个城市要拆迁某一个地区，如果通过人民代表大会讨论并做出一个决定，也算是程序。

公共利益不能够由个人私自决定，也不能够完全由政府决定，这就涉及民意机构。我们国家现在最好的民意机构就是人民代表大会常务委员会。界定公共利益很复杂，比如建垃圾场肯定是公共利益，但到底建在哪儿就麻烦了。放在某一地方，当地居民可能反对，放在很远的地方，政府财政又可能不支持。你可以说它是公共利益，但不见得人人都愿意接受，这就要协调。

主持人：普通民众如何参与公共利益的界定？

江平：主要就是听证会。凡是涉及公共利益的问题，比如涨价、建焚烧垃圾厂等，都会召开听证会。但听证会也存在问题，政府可以找几个拥护政府决策的人，每次都举手赞成，就可以保证通过。

任何一个办法都不可能十全十美，但有程序规定终究比没有程序规定好得多。公权力往往涉及程序法的问题，我们曾经要建行政程序法，用来解决如何行使行政权力的问题，但到现在还没立法。

主持人：我们谈到公权力与私权利关系的时候，一方面公权力不要侵害私权利，我可能就是安全的；但同时私权利也可能需要公权力来保护。一方面不希望你来侵犯我，另一方面又希望你保护我，怎么解释这种情况？怎么定位两者之间的关系？

江平：私权需要公权力的保护，实际上主要是指法院，因为法院是保护私权利的主要机构。严格来说，公权力只要不去侵犯私权利就可以了，私权利如果需要保护，通过司法机构提起诉讼来保护就好。

在这个问题上，公权力不作为是最重要的，公权力只要不去侵犯私权利，就已经做了它最应该做的。在这个问题上，我们和西方一些国家的理念不一样。比如食品药品安全问题。在我国，如果造成民众死亡或者使民众遭受损失，我们的政府机构往往花很大力气来介入，下令查出源头并解决问题。美国在药品和食品这两个涉及人身健康的问题上，有一个《产品责任法》，一般只是通过民事责任来解决问题，个人自己去调查，之后向法院提起诉讼，如果告赢了，会得到一大笔赔偿费。我们叫《产品质量管理法》，行政权力会介入进来。

这就说明我们的政府太大了，管的事情也太多了，通过任何一部法律都要有一套执法机构。美国政府权力很小，只有一个食品药品监督管理局，所管辖范围涉及人民健康。至于其他东西，老百姓的利益如果受到侵犯，自己去法院起诉。

我们国家很大的问题就是政府机构太庞大，从中央到地方所谓的保护公民权利的机构比比皆是，那就要养活一个非常大的政府，这是很可怕的现象。

主持人：法院在保护私权方面起着怎样的作用？

江平：法院的职责就是保护公民的权利，公民权利受到侵犯理应由它保护。设置法院是国家一个很重要的职能，就是保护公民的权利。只有法院才是保障公民权利的最后一道关口，如果法院都放弃，就等于不给公民以权利保障了。

主持人：在公民权利保护过程中，律师应该扮演一种什么样的角色？

江平：某种意义上来说，律师就是一个维权的角色，所有的律师都不是给自己办事，而是受了委托人的委托办事，不论刑事案件还是民事案件。法律是专门的学问，一般的老百姓仅凭法律条文很难读懂法律的含义，就需要律师来维权。刑事案件中，即使是黑社会的人也要维护自己的权利，因为一旦作为被告，他就是弱势，就处于不利的地位。

主持人：现在的律师地位有时也比较尴尬，一方面不被普通人理解，另一方面还面临着危险，诸如北海律师事件。这是什么原因？

江平：根本就在于我们的公权力和私权利之间的冲突还很严重。这种情况下，只要为私权利一方辩护，就必然会得罪公权力，无论是刑事案件还是民事案件。

更何况中国现在仍然存在刑讯逼供现象，这种情况下要是能够为辩护人辩护，保护其利益，就必须推翻刑讯逼供得出的口供，跟公安局发生正面冲突，等于把公安局人员的饭碗给砸了，将公检法办理案件的一些潜规则破坏了。所以必然要和公权力发生冲突。

凡是涉及和公权力发生冲突的时候，律师就处于一个很尴尬的地位。如果不去努力辩护，就没有尽到应尽的责任。如果尽到了责任，努力为被代理人的利益说话，就必然要得罪公权力。

主持人：近年来您和吴敬琏先生，一个研究法学，一个研究经济学，不约而同走到了一起，开始关注市场经济和法治经济，您觉得市场经济和法治，市场经济和私权之间是怎样的关系？

江平：市场经济和法治当然是一个很密切的关系。5年前召开过一个会议，涉及法律和市场的关系。吴敬琏教授在开幕式上曾说，作为经济学家，在改革开放初期，他有一个天真的幻想，只要搞市场经济，一切问题就都可以顺利解决。后来发现市场经济也有好有坏，并不是有了市场经济就一切问题都解决了。他的言下之意就是必须要有法治，没有法治的市场经济就是混乱的经济，仍然是原始积累下没有规则的市场经济。

在闭幕会上，我也回应了一段话，我说，我们搞法律的人以前也有个天真的幻想，认为中国只要有法律，就一切都好办。可是到今天，我们的法律比较完善了，状况还是不好，为什么呢？因为法律有好也有坏，西方一些国家有善法和恶法之分。

我们的一个共同点就是法治。制度有好有坏，但法律理念非常重要。市场要有规则，还要一些精神理念维持法律制度，维持规则，这些基本的理念就是人权、民主、自由。

主持人：市场经济制度对私权的保护起着怎样的作用？

江平：市场经济应该有不同利益存在，多元化的利益是市场经济的一个前提条件。如果只有国家利益、单位利益，就不可能有真正的市场，市场必须有私营企业，必须有私营的资产、资本，必须有私人的财产，必须有私人的权利，这样才有市场配置。

现在我们的市场面临的很大的危险就是国家干预太多。国际金融危机之后，我们认为中国模式就是国家干预模式，我们还在过分强调国家干预。前两天《法制日报》报道称，浙江国有资本全面进军农贸市场，我吓了一大跳，浙江原来是市场经济、私营经济最发达的地方，现在国有资本全面进军农贸市场，这不等于扩大了国有资本占有的领域吗？过去只限于关系国防、国计民生的重要命脉，后来逐渐扩大到十大领域，现在又要进军农贸市场，这不是倒退嘛。

主持人：比较合理的市场状态应该是什么样的？

江平：市场秩序方面，国家应该有更多的干预。但涉及市场自由，国家应该避免干预，允许市场自治。现在我们是倒过来了，在市场自由、市场准入、资源分配方面，国家干预越来越多，而在市场秩序方面，却管得很少。

主持人：刚才我们讲的更多的是公权力可能对私权利造成的侵犯。

另一种情况也不能忽视，相对来说一些普通人自己的私权意识也是比较低的，不懂得去尊重别人的私权，什么原因导致了这种现象？怎么能够让每一个普通民众有私权意识，又能够尊重别人的私权？

江平：私权意识的培养是一个很复杂的过程，中国历史上缺乏私权传统，现在我们要培养、要呐喊、要呼吁建立私权意识，怎么办？一方面要通过不断的诉讼，如果每次诉讼私权获得胜利，公权力被削弱，人们逐渐就培养起了这种意识。

过去有普法，但普法更多强调义务和守法意识，现在逐渐加强了对权利意识的培养，这些都是潜移默化的影响。

很难设想，中国在几年之内，或者突然之间培养起像西方那样的私权意识，而私权的发展肯定也有曲折的过程。可能今天私权斗争胜利了，明天又会倒退，这都是免不了的。

主持人：私权有时也可能被滥用。您曾说重庆钉子户案件里，既有吴萍夫妇滥用私权利，也有政府滥用公权力，普通人滥用私权怎么解释？

江平：重庆钉子户案件比较复杂，首先政府滥用公权力，断水断电断交通，这显然是错误的，严重侵犯了公民权利，另一方面补偿不合理。

这里也有私权滥用。起码有一条，谁来确定公共利益？不能以吴萍个人的说法作为标准，吴萍认为房子拆后盖的是商业大楼，不是公共利益，我认为这不能够作为依据。另外，她也不执行法院判决，是滥用权利。

主持人：对普通人来说，合理利用私权和滥用私权的界限在哪里？

江平：以法律作为界限。法律不完善，情况就比较麻烦。过去的法律很笼统，越笼统就越容易出现问题。

主持人：最近一些案件，比如云南李昌奎案件，受民意的影响很大，您认为这是不是民意对私权的干涉？

江平：我向来反对民意决定判决，这是民粹主义思想。我们现在在审判工作中应该听取民意，但绝对不能够采取民粹主义。云南李昌奎案多少说明了这个问题，死刑和死缓是由法院决定的，如果认为他确实具有从轻情节，完全可以判死缓。但现在民意反应很大，所以最高法院要求重审。这个问题我没有把它看得很大，但我觉得这个先例要是开了，是不是很危险？如果只要民意说该杀就杀，那就太可怕了。

主持人：现在有些法院在判案过程中提出"一切以让人民满意为主"。

江平：这种提法绝对错误。这里的人民指哪些？全国13亿人口都统一意见？这完全是不科学的提法，人民利益也有不一样的啊。深圳市中院原来有一个法官说，我不可能让老百姓都满意，结果他差点被免职。他说的才是实话，肯定不能让原告和被告都满意。

主持人：往往追求结果而忽略了程序正义。2007年10月，您出了一本书《私权的呐喊》，强调秩序与和谐、自由与权利、公平与正义，您的呐喊似乎有些无奈？

江平：我本身研究私权，之所以用"呐喊"，是因为现在私权仍然没有得到社会充分的尊重，所以还需要极力为私权呐喊。

呐喊的目的无非是使社会对私权更加尊重，中国向来是一个不重视私权的国家，私权从来没有像在西方国家那样得到应有的尊重。不经过呐喊，不经过很大的努力，很难建立私权神圣的社会。

主持人：您理想中的尊重私权的国度是怎样的？对中国接下来私权的发展有什么样的预期？

江平：真正做到保障法律上所规定的私人权利，国家退居幕后，我看就可以了。现在我们政府管得太多，在市场自由方面因为涉及自身利益，资源配备也好，市场准入也好，必然涉及政府利益，利益太大了，政府摆脱不了这些利益，就变成与民争利，本来可以由老百姓解决的问题，现在政府介入了。而真正涉及市场秩序的问题，政府却很少关心，这是很突出的问题。

主持人：刚才咱们讲私权，更多可能是倾向于财产方面。对一些经济条件比较好的人，可能会不局限于财产权，还会争取话语权等，他们会发现这与财产权也是密不可分的。未来在财产权之外的私权发展方面，您有怎样的预期？

江平：人权与发展一样，也是硬道理。邓小平同志为什么讲发展是硬道理？就是不受阶级影响，没有说是社会主义发展还是资本主义发展，不受资本主义和社会主义理念的影响。不能够宁可要"社会主义的草"，不要"资本主义的苗"，那不是硬道理，只要发展了就是硬道理。

发展是硬道理，但人权也是硬道理。过去我们讲人权也要分资本主义人权和社会主义人权，这都是胡说。为什么说人权是硬道理？人权就是人的权利，只要给了人的权利就是好，给人的权利越多就越好，越少就越差。不能说我是社会主义人权，就比资本主义人权高。没有所谓社会主义和资本主义的区别，只有多和少的区别，就像发展一样，只有快和慢的区别。

致读者

　　自从6年前得了那场颈动脉90%堵塞的病后，遵照医生嘱咐，一是谢绝了各地做学术报告的邀请，包括各地EMBA的讲课；二是从此不再提笔写文章，只应媒体之约就社会关注的问题，回答一下自己的看法，或是应学术团体之约，即席发表一些感言。

　　不再做任何学术报告，就可以大大减少"倒在讲台上"的可能；不再提笔写文章，也是尽量减少"脑力劳动"的强度，目的只有一个：希望能尽量延长自己未可知的寿命！

　　这6年内，由于医生的医术精湛，恢复状况良好，没有任何"中风后遗症"留下，大脑照旧正常运转，而我对国家的命运、改革的前途、法治的未来又萦怀于心，所以，这期间对媒体的访谈和一些即席发表的感言数量就比较多，而我又无随手搜集并整理的习惯，至今确切数字也难以寻找。

　　数月前，后浪出版公司找到我，拿来一份出版计划，内中选择了一些我对媒体的访谈和即席发表的感言，共分为四辑：第一辑，改革"深水区"；第二辑，法治进程中的司法改革；第三辑，建构政府、市场、社会新型关系；第四辑，建立法治市场经济。这四个部分总的体现了我对党的十八届三中全会决议的看法与观点。

　　既然现在已不再提笔写文章，而是以媒体访谈和即兴发言代笔，问题就因此而来。口头发言的记录终究只是记录，没有笔写的文章那么严谨、经过仔细推敲。口头发言的记录多是针对记者提问的，也缺乏逻辑性，重复之处在所难免。不当之处敬请读者原谅并批评指出。

2014年11月

图书在版编目（CIP）数据

依然谨慎的乐观/江平著．
— 杭州：浙江人民出版社，2016.4（2016.11 重印）
ISBN 978-7-213-07161-4

Ⅰ．①依…　Ⅱ．①江　Ⅲ．①社会主义法制—建设—中国—文集
②中国经济—社会主义市场经济—文集　Ⅳ．① D920.0-53 ② F123.9-53

中国版本图书馆 CIP 数据核字（2016）第 029093 号

书　　名	依然谨慎的乐观
作　　者	江　平　著
出版发行	浙江人民出版社
	杭州市体育场路 347 号
	市场部电话：（0571）85061682　85176516
责任编辑	闻　史
责任校对	叶　宇
封面设计	周伟伟
印　　刷	北京京都六环印刷厂
开　　本	690 毫米 ×960 毫米　1/16
印　　张	15
字　　数	19.5 万
插　　页	4
版　　次	2016 年 4 月第 1 版
印　　次	2016 年 11 月第 2 次印刷
书　　号	ISBN 978-7-213-07161-4
定　　价	36.00 元